中国神秘的
生肖文化

杨鸣园 编著

南北朝·沈炯《十二属诗》

鼠迹生尘案，牛羊暮下来。
虎啸坐空谷，兔月向窗开。
龙潭远青翠，蛇柳近徘徊。
马兰方远摘，羊负始春栽。
猴栗羞芳果，鸡砧引清怀。
狗其怀物外，猪蠡窗悠哉。

浙江工商大学出版社
ZHEJIANG GONGSHANG UNIVERSITY PRESS

图书在版编目（CIP）数据

中国神秘的生肖文化 / 杨鸣园编著. — 杭州：浙江工商大学出版社，2018.4（2018.10 重印）

ISBN 978-7-5178-2607-1

Ⅰ．①中… Ⅱ．①杨… Ⅲ．①十二生肖－文化－中国－问题解答 Ⅳ．① K892.21-44

中国版本图书馆 CIP 数据核字 (2018) 第 028537 号

中国神秘的生肖文化

杨鸣园　编著

责任编辑	唐慧慧　谭娟娟
封面设计	林朦朦　陈佳丽
插　画	陈佳丽
责任印制	包建辉
出版发行	浙江工商大学出版社
	（杭州市教工路 198 号　邮政编码 310012）
	（E-mail: zjgsupress@163.com）
	电话：0571-88904980，88831806（传真）
排　版	庆春籍研室
印　刷	虎彩印艺股份有限公司
开　本	880mm×1230mm　1/32
印　张	6.25
字　数	129 千
版 印 次	2018 年 4 月第 1 版　2018 年 10 月第 2 次印刷
书　号	ISBN 978-7-5178-2607-1
定　价	35.00 元

前　言

在中国，人从离开娘胎，来到世间那一刻起，就有了生肖（农历生年），并和数字（生之年、月、日、时辰）产生了关联。

怎么会想到要编写这两本关于生肖、数字的书呢？可以说完全是偶然。父辈与我这一辈的兄弟都是三四个，每年清明前后，大家都要一起祭祀扫墓。以前工作时，均是兄弟各家前往，时间不一。自从清明节成了法定节假日后，就有了各家一齐前往，统一时间进行扫墓的机会，同时由我们兄弟按从大而小轮流主办。清明假期有三天，但因旧俗需要择日子，选定后再通知大家，所以我买了一本有择日内容的历书。2015年的清明由我主办择日，我在翻阅历书时，偶见书中有关于十二生肖的传说，觉得颇为神奇，十分有趣，于是便想编写一本有关生肖文化的书。因为生肖人皆有之，人们对自己的生肖，有什么样的传说、什么样的神话故事、什么文化内涵等，总会产生兴趣的。而且要知道某某人的生肖（属相），也有办法。只要是公元后出生的，用出生年份数除以12，将所得余数对照下表就能知道，整除的余数视为0。

数字	0	1	2	3	4	5	6	7	8	9	10	11
生肖动物	猴	鸡	狗	猪	鼠	牛	虎	兔	龙	蛇	马	羊

　　我原是中学语文教师，教学中常会遇上带数字的一些简称，如二王、三曹、四书、五帝、六君子、七焚、八大家等。我比较喜欢将有些教学内容或课文知识点节缩成数字，这样用数字短语来表示，方便记忆。我还曾想把这些带数字的内容分类收集，期待有朝一日能编成书。所以退休后，我就自订报刊，在阅读中时时关注这方面的内容，并摘录下来。1999年2月16日的《中国剪报》上有一篇子威的《神秘的数字文化》，我看了之后就把它摘录下来，但当时尚无编写《中国汉字中的数字文化》之念。2012年12月，我出院回家后休养，有次在翻阅旧报时，忽然想起人之初，本无数字，后来出现了物物交换，需要计数，才逐渐产生了用屈指、柴梗、石子、刻石、结绳等来计数的方法。我想到数字越来越丰富的内蕴，勾起了把枯燥乏味的单个数字变成妙趣横生的数字，让人们了解每个数字的文化内涵并正确运用的想法。因此，我决定要编写《中国汉字中的数字文化》与《中国神秘的生肖文化》。

　　生肖与数字，源远流长，涉及字的源头、发展、传说故事、文学艺术、风俗习惯等方方面面，怎么写好呢？我考虑再三，定下框架，首先是标题。生肖，以"X年说'X'趣"为题；数字，以"漫说数字'X'"为题。其次是开头与结尾。生肖，以联语开头，联语结尾，以承前启后。如"狗年说'狗'趣"一章，开头："金鸡飞走，黄狗跑来。今年戊戌年，狗年'狗'趣多，狗的文化含义很丰富。"结尾："犬过千秋留胜迹，肥猪万户示丰年。"数字，大多是直接从该数字的来源说起，也有以俗语开头，如"漫说数字'一'"一章，开头："俗话说：'砻糠搓绳起头难。'"因起头有"一"之意。还有以故事开头，如"漫说数字'九'"和"漫说数字'六'"两章。结尾，一般是总括性的，仅一两句话；也有警示性的，如"漫说数字'十'"："人生之路漫悠悠，十字路口当心走。选定方向迈大步，脚踏实地不滑头。"

生肖，也称属相，由鼠、牛、虎、兔、龙、蛇、马、羊、猴、鸡、狗、猪等十二种动物构成。《中国神秘的生肖文化》的内容包括：生肖对应的二十四个汉字的起源，生肖动物的驯养史、特性，属相的传说故事，相关的地名景点、风俗习惯，相关的文艺作品如诗词、对联、谜语、书画、邮票等，相关的谚语、成语、俗语、歇后语，相关的专有名词的来历，等等。所以《中国神秘的生肖文化》的开篇就是《关于十二生肖》，文章以问答式，谈了十个方面：十二生肖的起源，动物怎么来，何时出现，排序，外国生肖，猴年马月，对应月份，生肖传说，童年所见，生肖歌谣。

数字是用来记数的符号。中国的汉字数是世界三大数字之一。《中国汉字中的数字文化》共写十四个数字：○、一、二、三、四、五、六、七、八、九、十、百、千、万。内容包括每个数字的源头与来历，十个大写的数字，阿拉伯数字，由数字带出的相关的历史事件、地名景点、谚语、成语、歇后语，节缩成带数的史事、人物、专有名词，相关的含数字故事，数字中草药，对一些数字的喜忌，文学作品中的数字诗歌、对联、谜语，还有数字姓氏等。因此，在开篇《数字之趣》中，我介绍了数字的发展简史，介绍了三则数字故事，如汉朝司马相如与卓文君的爱情故事，相如为官五年，只给文君写过一封信，只十三个数字，欲弃文君。文君心知肚明，以这十三个数字回信，挽救了其爱情。又如海南儋县塾师周南屏，要求伍炳离作一首严格规整的嵌数七律《闺怨》，才肯解囊相助，结果伍写的诗让周南屏叫绝。若要计算，就用阿拉伯数字，出现了许多奇妙的东西。如"漫说数字'一'"一章讲到有 6 个算式：1+1 = 1，2+1 = 1，3+4 = 1，4+9 = 1，5+7 = 1，6+18 = 1。初看觉得不可思议，但给每个数字后加上适当单位名称，算式就成立了。那加什么单位呢？原来分别是加了里与公里，月与季，天与周（星期），点（时），月与年，小时与天这些单位。又如在"漫说数字'九'"一章中提到，1 至 9 九个数相加得 45，4+5 = 9。若用 9 乘以任何自然数，再将结果各位数相加，所得答案也是 9。（这些内容多来自《少年文摘报》）。

编写这两本书，困难重重。一是文学底子，二是资料收集，三是文字搜集，四是配图，五是成文。底子薄是因为我还算不上是合格的大专毕业生。我在 1958 年读大专，1960 年开始教书，正逢特殊时期，真正的学习时间很短。"文字"，一是说起文字的来源就离不开甲骨文、金文、篆体，可小女在打字时，电脑无法显示出来，只有放弃图形，而用文字来说明、描述；二是指电脑打字，我写好文稿后，请小女在工作之余输进我的电脑，我再修改。可我只会用拼音打字，又是近视眼，一会儿戴镜看屏幕，一会儿卸镜按键，速度似蜗牛爬行，十分麻烦，只好停下。至于配图，我想着图文并茂多好，可我自己不会作画，因此请了出版社代我联系画师，创作插画。

　　说到资料收集，幸好我有两个基础。一是好学，在我三十八年的教书生涯中，我自知基础不实，就经常买教学资料和图书，努力学习，边教边学，边学边教，总结积累，克服教学中遇到的困难。这些年来，无论是教高中、初中，还是教小学，都如此。我爱将课文内容用数字概括，简缩成几个问题，如《赤壁之战》中的十个"三"，所以积累了不少带数字的内容。二是退休前后买了许多书，如《说文解字》《中华成语大字典》《骐骥跃甲午》《中国经典神话寓言大全集》《中国戏曲曲艺词典》《十万个为什么》《对联·对联故事》《浙江民间常用草药》，正坤编的《谚语》《歇后语》，孙实明的《汉字原来这么有趣》，梁诗正的《趣说字词句大全集》，以及订阅了一些报刊，如《益寿文摘》《中国剪报》，我就在书报上寻觅积累资料。此外，我也会收看一些电视节目。如书中提及的闽桂一带少数民族建蛇王庙祭蛇神，夏秋举行"赛蛇神"活动，就是在电视节目《远方的家》之《北纬30°·中国行》中得到的信息。但因资料范围广，内容多，常常带来选择的困难。我就先把必要的内容摘录在草稿上，如传说、故事，内容较长的就修改、压缩后再用。谚语、歇后语就在原书上挑几条。许多生肖成语是动物"结亲"，如寅吃卯粮、猴年马月、虎头蛇尾等，有的就设专条说明。成语则多寡不一，多的以百计，少的只有几个，如关于"马"的成语有一百一十个，关于"一"的成语五百多个。我就先列条目，简注含义，或选择常见的，或予以归类，如"一"就归为十个类别再列举。与数字相关的中草药知识，也是先列条目，再分特性、作用、别名等来介绍。有些资料，当时可能未及时记录作者、出处和时间，所以时间一长，无法一一查证，若有引用不全或引用不当之处，敬请读者朋友指正，欢迎与我一起探讨。

"成文"是指把需要用的材料组织成篇。《中国神秘的生肖文化》诸篇即将写完时，我整理了往年的《中国剪报》，又发现 2009 年年初刊有李土生先生的《十二生肖的生命密码》，觉得内容很好，就在我的文中做了补充，在此向李土生先生深表感谢！《中国汉字中的数字文化》受子威先生影响较大，借此向先生深表感谢！

由于笔者写作水平不高，难免存在差错或说法不妥之处，敬请读者朋友指正。

杨鸣园

于 2018 年 3 月

目录

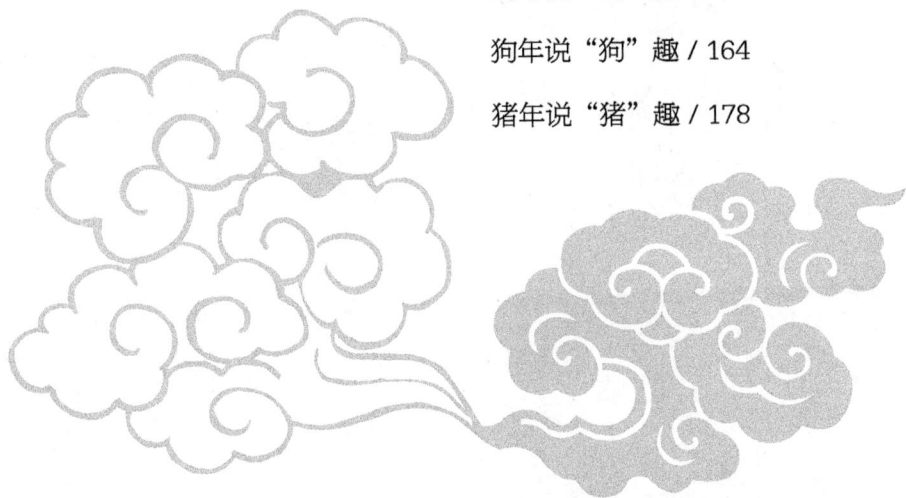

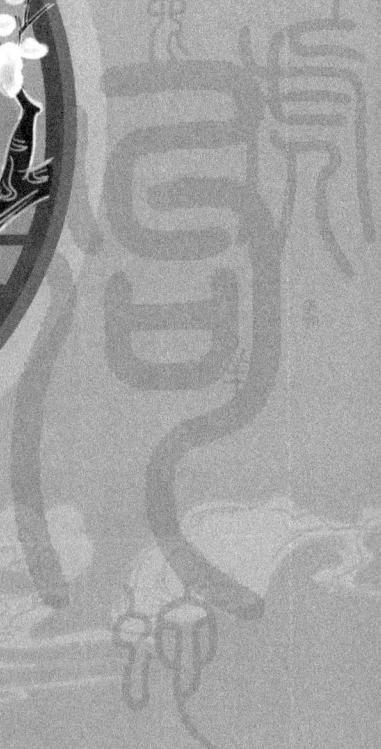

关于十二生肖

何谓"十二生肖"？

我国古代以天干（甲、乙、丙、丁、戊、己、庚、辛、壬、癸的统称）与地支（子、丑、寅、卯、辰、巳、午、未、申、酉、戌、亥的统称）配合的方法来纪年，每年又以十二种动物对应十二地支：子为鼠，丑为牛，寅为虎，卯为兔，辰为龙，巳为蛇，午为马，未为羊，申为猴，酉为鸡，戌为狗（犬），亥为豕（猪）。这十二种动物就是"十二生肖"，也称"十二属相"。以后，人生于某年就肖某种动物，就是通常说的"生肖""属相"。

何以有此十二种动物呢？

这与佛教有关，佛经中有十二兽轮流值岁的故事。佛教大乘派认为，一切动物与人一样有佛性。佛经说，南瞻部洲（或称阎浮提洲）大海中有四座神山，每座山有三洞窟、三神兽，共十二兽：猪、鼠、牛、狮子、兔、龙、毒蛇、马、羊、猕猴、鸡、犬。它们虔诚敬佛，修成正果，成为神兽，因此，每座神山都有两位女神及五百眷属围绕供奉。惯作恶事的老鼠也改恶从善，教化同类，深得诸佛赏识。佛教育人们共同敬仰，并命以鼠为首。十二兽每月、每岁轮流当值巡逻南瞻部洲，宣传佛法。公元前 3 世纪，印度阿育王皈依佛教，并派遣伴侣使者到中亚及周边国家宣传佛教，十二兽纪年法也传入这些国家。佛经中的龙，印度文称"加"，是一种能行云降雨的巨蛇，汉译为能行云降雨的"中国龙"。（马英昌、陈思之，《十二兽纪年法来自何方》，《知识窗》2007 年第 4 期）

我国何时才有动物配生肖呢？

相传自帝舜时代（父系氏族后期）就有"干支纪年法"历法，只是尚无动物相配。动物纪年之法最初流行于北部的游牧民族之中，清代考据学家赵翼《陔馀丛考》卷三十四考证："盖北狄俗初无所谓子、丑、寅、卯之十二辰，但以鼠、牛、虎、兔之类分纪岁时，至汉时呼邪单于款塞入居（定居）五原，与齐民相杂，浸寻（友谊）流传于中国，遂相沿不废耳。"就是说，公元 1 世纪前后，南匈奴呼邪单于款塞，定居山西五原，带入十二兽纪年法到中原，和干支纪年融合。"十二生肖"纪年最晚也形成于汉代。王充《论衡·物势篇》有"午马也，子鼠也，酉鸡也，卯兔也"的记载。北史《宇文护传》有宇文护母的信："昔在武川镇生汝兄弟，大者属鼠，次者属兔，汝身属蛇。"可见，此时民间已普遍使用十二生肖了。

生肖动物是怎么确定顺序的呢？

按传统的阴阳学说，阳为奇数，阴为偶数，生肖动物是按照阴阳来确定的。地支在天干之下，故取各种动物的脚爪，并从阴阳上加以区分。故用足爪为奇数特征的动物表示属阳，如鼠、虎、龙、马、猴、狗，都有五趾，马单蹄亦是奇数；而牛、兔、蛇、羊、鸡、猪都是四爪，蛇虽无足，其舌分为两岔，也属偶数，即使有足之蛇，也是四足的。这就是十二种动物与十二地支相配的由来，其排序奇偶相间，先奇后偶。排序中原本牛为先，为何又以鼠为先了呢？除传说在排序时，狡鼠一转眼，速爬牛背，是它最高，故为首了之外，其另一个更重要的依据还是阴阳之说。子时在半夜，半夜也叫"子夜"，分属于两天——前天之末今天之初，即23时至1时，子有阴、阳二面，必须让阴阳同具的动物来相配，这十二种动物中非鼠莫属。因老鼠前足四爪（属阴）后足五爪（属阳）。

国外有类似的生肖纪年吗？

有，只是其所属动物各有差异，而且生肖的周期也不尽相同。就是我国有一些少数民族也有其自己的历法，如新疆柯尔克孜族，也用十二种动物纪年，顺序与汉族同，只是把"龙""猴"分别换作"鱼""狐狸"。为便于比照，现根据各种报刊有关资料编列下表：

各国生肖比照表

国家	生 肖 动 物											
中国	鼠	牛	虎	兔	龙	蛇	马	羊	猴	鸡	犬	猪
越南	鼠	牛	虎	猫	龙	蛇	马	羊	猴	鸡	犬	猪
印度	鼠	牛	狮	兔	龙	蛇	马	羊	猴	金翅鸟	犬	猪
柬埔寨	牛	虎	兔	龙	蛇	马	羊	猴	鸡	犬	猪	鼠
泰国	蛇	鼠	牛	虎	兔	马	羊	猴	鸡	犬	猪	龙
希腊	牡牛	山羊	狮	驴	蟹	蛇	犬	鼠	鳄	红鹤	猴	鹰
埃及	牡牛	山羊	狮	驴	蟹	蛇	犬	猫	鳄	红鹤	猴	鹰
巴比伦	猫	犬	蛇	蜣螂	驴	狮	公羊	公牛	鹰	猴	鳄	红鹤
日本	鼠	牛	虎	猫	龙	蛇	马	羊	猴	鸡	犬	猪

所谓"猴年马月"是怎么回事？

需知我国古代的历法是"干支纪年"法，即十天干与十二地支相配，即甲子、乙丑、丙寅、丁卯、戊辰、己巳、庚午、辛未、壬申、癸酉、甲戌、乙亥、丙子、丁丑、戊寅、己卯、庚辰、辛巳、壬午、癸未……六十年循环，再从"甲子"开始。干支纪年又与"五行"（金、木、水、火、土）相通、相配，古代天文学家据此制定了"六十甲子别五行图"。天干十字、地支十二字、五行五字，依次搭配，就出现甲子金鼠年、乙丑木牛年、丙寅水虎年、丁卯火兔年、戊辰土龙年等。干支五行相配还用在农历每月中，农历十二个月，依次为正月建寅、二月建卯，三月建辰、四月建巳、五月建午、六月建未、七月建申、八月建酉、九月建戌、十月建亥、十一月建子、十二月建丑。要是猴年中的建午月，就是"猴年马月"了。读者可以推算出来。

十二生肖还与月份对应呢。

正月天寒，山林间唯有老虎出没，叫"虎月"；二月春暖，小草初绿，兔子活跃，叫"兔月"；三月多雾，有了雷声，神龙显现，叫"龙月"；四月天暖，蛰蛇出洞，叫"蛇月"；五月草长，人欢马叫，谓"马月"；六月草茂，羊群遍野，称"羊月"；七月树茂，群猴出没山间，称"猴月"；八月中秋，杀鸡饮酒，称"鸡月"；九月秋收，防盗要狗，叫"狗月"；十月秋凉，肥猪满圈，称"猪月"；十一月下雪，屋内多鼠，谓"鼠月"；十二月风寒，老牛归棚，称"牛月"。

十二生肖有哪些传说呢？

一是猫与鼠。传说猫与鼠生活一起，好如兄弟。得知天宫要开生肖大会，高兴极了，相约同去。猫自知爱瞌睡，就在大会前一天对鼠说："鼠弟，明天上天时，要是我睡着了，麻烦你叫我一声啊！"老鼠爽快地说："猫兄，你尽管睡你的大觉，到时候我自然会叫醒你的！"猫说了声"谢谢你"，一抹胡子，放心睡去了。

可次日，老鼠起床，轻手轻脚过猫门前，独自上天去了，做了第一生肖，得意扬扬地回来了。猫刚从睡梦中醒来，见到老鼠，奇怪地问道："鼠弟，今天没来叫我，是否生肖大会改期了？""你做梦吧！"老鼠傲慢地说，"生肖大会早开了，我是十二生肖之首，哼哼！"猫两眼圆瞪，责问为什么不叫醒它。鼠道："忘了。"猫气得直吹胡子，嚷道："小东西，你误了我的大事，我得跟你算账！""算什么账！叫你，是情分，不叫你，是本分。我干吗无缘无故给自己添个竞争对手呢？"这下猫全明白了，它把牙一磨，"呼"地扑向老鼠，咬住鼠脖子，老鼠蹬了两下腿，"唧唧"两声，就死了。从此，猫鼠交恶，鼠躲洞中，唯夜间出没，要是听到"喵——"声，也不敢出洞来，猫一见老鼠就上去扑咬，除之为快。也有个笑话说它们的"对策"。老鼠得意地说："我现在正和蝙蝠谈恋爱，以后孩子就生活在空中，再也不怕你们猫了。"猫冷笑一声，指着树上的猫头鹰说："看见没有，她已经怀上我的孩子了！"（《仙乡笑林》）

二是公鸡与龙。要开生肖大会了，龙在水面照了照，觉得自己美中不足的是头上少一对角。说也巧，正当它钻出水面时，见一只大公鸡在岸边昂头踱步，一对角引人注目，太威风了，龙忙喊："鸡兄，明天要开生肖大会，借你的角用一下好吗？"公鸡抱歉地说："不好吧，明天我也要去参加生肖大会呢。"龙哥说："鸡兄，你头太小，戴这对角不协调，借给我，你更漂亮，我也更威风了。"公鸡犹豫，沉吟无话。

正在此时，一条蜈蚣从石缝里爬出，它爱管闲事，听了龙哥之言，便插话道："鸡兄，你就借给龙哥用一下吧，不放心，我给龙哥做担保好了。"公鸡一想，就答应借角了。双方约定，由蜈蚣做担保，开完会后龙还角。生肖大会上龙排在第五，鸡排在第十。鸡很不高兴，心想或许自己借角给龙的缘故，于是就向龙讨角去了。

公鸡走到潭水边，龙正在水潭中戏水，公鸡说："龙哥哥，生肖大会开完了，你把角还给我吧！""鸡兄，你不用角更漂亮威风，这对角就送给我吧！"龙推诿道，其实龙压根儿就不想还角。公鸡听了，气愤地说："龙哥哥，借人东西，怎能不还呢？"龙自知理亏，尾巴一甩，沉入水里。公鸡气恼无奈，又叫又骂："龙哥哥，角还我！龙哥哥，角还我……"叫骂一阵，就去找蜈蚣了。

公鸡找到蜈蚣，把刚才之事细说一遍后说："你是担保人，这事你总不能不管吧。"蜈蚣说："我想龙哥哥会还你的，你再等等吧；如果它确实不还，我也没办法。你要知道，它躲在水中，你怎么去找它啊？"公鸡气得一脸通红，说："当时是你跳出来给他做担保的，怎么出了事，你就不管了呢？"蜈蚣却说："是你公鸡自愿的，我做担保是象征性的，要是真不肯还，你也只有自认倒霉了。其实这也怪你自己太鲁莽。"公鸡更觉蜈蚣死皮赖脸，就伸长脖子，一口啄住蜈蚣脑袋，吞到肚里去。从此后，公鸡与蜈蚣交恶，无论在何处，一见蜈蚣就啄而吞之，毫不宽恕；每天一早，就要直起喉咙，大声喊叫："龙哥哥，角还我……"定时发声，每晨三次。

三是马与蚕。传说古时一位父亲出外征战，家中留一女孩与一匹公马。女孩日日耕织、做饭洗衣，女孩思念父亲，站在门口，遥望父归。时日久远，不见父回，只好对公马自言自语。一天，女孩对着骏马开玩笑地说："马儿啊，我的父亲到远方去了，他定是迷路了，你若能接父亲回来，我就嫁给你。"马忽地昂头长嘶，又低头蹭蹭女孩的手，像听懂了她的话。马突然挣断缰绳，跳出马厩，狂奔而去。女孩冲出门口喊："马儿回来！"可不见马只见尘。女孩既无父又失马，呆坐门口，泪流满面，等父亲归来。

很久以后，马儿果然驮着她父亲回来，父女重逢，喜不自禁，有说不完的话。直到晚上父亲休息了，女孩才跑进马厩，摸着马头说："好马儿啊，我一定兑现我的诺言，等我的好消息吧！"马儿温柔地舔着女孩的手，发着低低吼声表示兴奋。然而父亲却厉声道："你竟然要嫁给畜生？只要我活着，就绝不答应！从今天起不准你进马厩半步。否则打断你的腿，剥了马的皮！"晚上女孩趁父亲睡着，偷偷进了马厩，搂着马头哭诉，马儿突然开言："心爱的姑娘，不要伤心哭泣。我本是天上神马，不幸中了诅咒，才流落人间，咒语说，若有女孩愿嫁我，我就会变成人形，重回天上。好姑娘，你耐心等我九天，我就会变成人形。记住，千万别透露这个秘密。"姑娘听了，兴奋不已，天天跑马厩与马说悄悄话，恨不得马儿立刻变成英俊少年。三天后被父亲发现，女孩被关在屋内反锁起来，待她想清楚了再放出来。

女孩茶饭不思，等到第九天，她很早起来，精心打扮，推窗向外望，想不到窗户边挂着一张马皮！原来昨晚父亲已杀了马，剥下皮。女孩伸手摩挲着马皮，眼泪滚落。突然一阵狂风吹起，马皮乘风跃起，卷起女孩，飞出院子。父亲奋起直追，追到后山，忽见马皮落在一棵树上后就不见了。父亲泪流满面，拨开树枝，不见女孩，只见一条白白胖胖的虫子，趴在树上，慢慢地摇着似马的头，吐出一条白亮的细线，缠绕在树枝周围。好奇的人们赶来观看时，发现小虫子用吐出的细丝来缠绕自己，故称此树为"蚕"；姑娘在这树上失去年轻的生命，故称其为"丧树"。后来，女孩被封为蚕神，人们亲切地叫她"马头娘娘"。这就是"蚕马"的传说。

四是狗与人。传说高辛帝喾（尧之父）执政时，有一年皇后得了耳痛病，一病三年，遍请名医，仙药治之，痛反剧烈。后来有一天，皇后从耳中挖出一条金虫，虫出痛消，金虫似蚕，通身金光。她把虫捧在手心，仔细端详，虫昂首蹦跳，她喜欢至极，就置之于葫芦做的瓠碗里，上加盖子。过些日子，虫竟然长成遍身锦绣、五彩斑斓、毛发闪光的龙狗。皇后速报告帝喾，帝喾见该龙狗机灵乖巧，善解人意，十分欢喜，就将它随带身边。因它从瓠碗中长大，就取名"盘瓠"。

不久，骁勇善战的吴将军，在北境起兵作乱，帝喾多次派兵抵抗，均节节败退。帝喾苦恼，对大臣们说："吴将军叛乱，国家危在且夕，谁能砍下吴将军首级，我就把公主嫁给他。"众人面面相觑，无人敢应。几天过去，无人出征，盘瓠又不知去向，帝喾心中苦闷。谁料得那天盘瓠听了帝喾的许诺，巧脱绳索，奔向吴将军军营。进入大帐，盘瓠摇头摆尾，吴将军哈哈大笑，搂其于身前，并命人摆酒宴，集众将。宴会时，将军抱盘瓠于大腿上，指着它说："看来天命向着我，连帝喾身边的盘瓠，都跑到我身边来，帝喾就要完蛋了。今天我们就这狗的到来、帝喾的灭亡好好庆祝一番吧！"于是大家喝得烂醉如泥，鼾睡不醒，盘瓠趁机扑到吴将军身上，一口咬下吴头，飞快地跑回帝喾宫中。帝喾见之，高兴万分，喂它最好的食物，但它摇头不食，蹲在墙角，一声不响。帝喾这才想起悬赏承诺，就召集群臣，商议主意。臣议什么"盘瓠是狗，何能封官""公主身份高贵，怎能嫁狗呢"等，帝喾也不再提此事。盘瓠生气不吃，悲呼不止，帝喾心疼，却左右为难，不知所措。

帝女贤德，劝父说："父亲自许婚，若自食其言，何以取信天下？父亲，女儿愿嫁给盘瓠。"帝喾无奈，对盘瓠说："盘瓠，你怎不是人是狗呢？你怎让我嫁公主给你呀！"盘瓠一听，顿振精神，口出人言："大王，请别烦恼，只要您把我再放回盘瓠里，等我七昼夜，我就可变人了。"帝喾照办。而帝女担心盘瓠饿死，第六天就悄掀盘盖。这下坏了，盘瓠仅剩头未变完，却成了狗头人身。

帝喾公主仍不嫌他。婚礼隆重，帝女聪明，婚礼上戴了个狗头面罩。婚后不久，盘瓠见人们投以耻笑目光，很不舒服，就辞别帝喾，带着帝女来到南山。这是个林稠草茂水好之地，盘瓠盖房垦地，帝女脱去华丽衣裳干苦活。从此，盘瓠打猎，帝女种地，夫妻恩爱，生活甜蜜。几年后生了三男一女，请帝喾赐姓。以生时情状赐：大儿以盘子装，赐姓盘；二儿以篮子装，赐姓蓝（篮）；三子生时正打雷，赐姓雷；小女长大嫁钟家就姓钟。后来四姓后代，均奉盘瓠为他们的老祖宗。如今的畲、瑶、苗等族也视盘瓠为始祖和至高无上的尊神，因他们的先民共同的"氏族标志"图腾崇拜就是"盘瓠"。

生肖动物传说，五花八门，奇而有趣。

读者朋友，你童年见过哪些生肖动物？何处见到？怎么见的？

笔者童年时最先见到的是鸡与鼠。有两件事至今不忘：一是别家公鸡啼鸣，家里的公鸡也紧接而啼，让人早醒难再睡。二是七八只母鸡中有一只老是蹲窝，或飞跳鸡舍背，母亲说"赖铺了"，就干脆在篮中放十几只蛋。后来果然孵出十几只小鸡。小鸡太可爱了，紧随母鸡周围。踩地面画竹叶，发出声呼"酒醉酒醉"。母亲还带我们去田垟拔"小鸡草"，散在烘篮下，因为小鸡有时会被关进去。烘篮，是竹篾做的，专为婴儿烘尿布与抱裙用。鼠太坏了，常在夜间啃箱咬柜，人们多以捕鼠的笼、夹逮它。我就在家中见到它被关在小铁笼中，也常见到它卡死在老鼠夹下，活该！

其次见到的是狗、牛、羊、猪。狗，村子中有不少，常经过各家门口。谁家小孩排屙了，"喔啰喔啰"呼几声，狗便跑过来吃屙，并舔得干干净净。牛，多为自家养的黄牛。我自小就看牛，还牵着牛去野外田埂吃草。羊，见到的是颈上染红白毛的羊，是人家做新郎或女子出嫁时，至亲家庭要"牵羊扛酒"用的。后来邻居养起山羊，每天早晚都能见到。猪，也是自家养的，但猪舍离家较远，母亲提着猪料去喂猪，偶尔我也跟母亲去猪栏。印象更深的是当家旁一大户人家杀猪请佛祭祖时，整只猪净身后趴在八仙桌上。过年和除夕吃猪头肉更高兴。

再是猴、兔、马、蛇。猴子，是走江湖的"演戏法"人，在演戏法时见到的。那人肩上蹲着一只全身灰毛、颈吊铁链索、屁股发红的小猴子。前门有户人家养了五六只白兔，有次我去与兔子玩，只见其眼睛通红，双耳尖耸，四脚好似都伏地上。马则是在1948年年底，我的远房堂叔、黄埔军校毕业生、国民党军团长杨汝诚，回家时骑来了一匹褐色的军马。他就在他家的门前下马，马就拴在街上（我们同条街），众人围观。蛇，首次看到是在家乡祠堂里，祠堂即学堂。那时我读二年级，教室一侧是古人牌位棚，先生正在讲课，忽然听见一声"蛇！"，大家急忙上前围观，只见棚上一条乌蛸蛇在牌位中转动着，一忽儿钻进棚下不见了。我十一二岁时随父亲上山斫毛柴，见过两种蛇：路边树枝上有一条全青的蛇，昂头吐叉，缠着枝条，父亲说，"这是秤条米（全身青色，似条秤杆），有毒，别理它"。砍柴中，我见山上有株大毛柴，父亲说："这种柴叫硬壳叫。"便走上去，正把株脚腐杂柴叶扒开欲砍，却见一条灰白色的蛇缠绕着柴株脚，我"哇"的一声回头就下山了……后来回忆起这件事，觉得那天真是遇见"白蛇传"中的青白蛇了，着实好笑！

至于虎与龙，所见的是虚拟的。笔者村里有"牵茅船""遣白虎"的活动。茅船是用稻秆扎在竹骨上制成的，白虎则是用皮纸覆住骨竹，画上虎纹、眼睛，额上写"王"字，"船""虎"遣到村口，放火烧毁。龙则是正月十五夜，年年搞盘龙，百余长板龙，接上龙头、龙尾，龙珠灯在前方引，穿街出村，簟坦或溪滩上，爆竹震山谷，锣鼓喧天，人山人海，热闹非凡。

十二生肖诗歌很有趣，如：

（一）

鼠迹生尘案，牛羊暮下来。

虎啸坐空谷，兔月向窗开。

龙潭远青翠，蛇柳近徘徊。

马兰方远摘，羊负始青栽。

猴栗羞芳果，鸡砧引清怀。

狗其怀物外，猪蠢窗悠哉。

（沈炯，《十二属诗》）

（二）

老鼠不留隔夜粮，水牛身上拔根毛。

画虎不成反类犬，兔子不吃窝边草。

天龙难斗地头蛇，打蛇要打七寸处。

好马不吃回头草，羊毛出在羊身上。

青壮猴子教勿乖，偷鸡不成蚀把米。

打狗要看主人面，千年野猪坳鸹食。

（三）

老鼠要跟牛赛跑，老虎下山卖门票。

兔子听说唇笑裂，龙蛇乐得把舞跳；

马羊想看不敢去，猴鸡上树看热闹；

黑狗跑来邀大猪，它正呼呼睡大觉。

睡大觉，听不到，十二生肖说完了。

（祖振扣，《语言美》）

（四）

鼠窃狗偷钻歪门，牛劲马力耕耘勤。

虎啸山林猴假威，兔营三窟为生存。

龙腾虎跃今胜昔，蛇尾虎头事难成。

马到功成人人盼，羊送谷穗惠黎民。

猴跳岩壁悬树枝，公鸡司晨催人征。

警犬嗅寻擒罪犯，猪羊鸡旺食市兴。

（五）

老一老一世（老鼠），老二大力气（牛）。

老三名声大（虎），老四钻草里（兔）。

老五会上天（龙），老六倒在陀路边（蛇）。

老七趁路走（马），老八八羊九（羊）。

老九猢狲精（猴），老十开天门（鸡）。
十一吃勿饱（狗）十二请陀佬（猪）。

（仙居民谣）

（六）

老大吱吱声（鼠），

老二牵根绳（牛），

老三名头大（虎），

老四钻柴亨（兔），

老五会上天（龙），

老六倒路边（蛇），

老七性更犟（马），

老八本姓杨（羊），

老九弗斯文（猴），

老十开天门（鸡），

十一客来汪汪声（狗），

博士杀倒伊伊声（猪）。

（仙居民谣）

鼠年说"鼠"趣

猪嗡哼，鼠窸窣；猪岁去，鼠年来。

鼠，其篆文就像一只老鼠（𪔀）：上为头牙，下为身、足、尾，尤其突出其牙齿（四点）、脚爪（前两折）、尾巴（最后一笔），呈蹲踞状。鼠是啮齿类动物，其门牙终生持续生长，常借啮物以磨短，其余都是臼齿，故"鼠"上从"臼"，意指鼠的臼齿。故鼠善"咬"。（李土生，《十二生肖：生命的密码》）

鼠，俗名"耗子"，该称谓源自五代时期（907—960）。那时军阀割据，战争频繁，统治者穷奢极欲，一切耗用物资均来自百姓，赋税繁多，名目古怪，有许多附加税，如吃盐交盐税，酿酒交酒税，养蚕交蚕税。附加税外再附加，名曰"雀鼠耗"，每缴一石粮加耗两斗，连雀鼠根本不吃的丝、棉、绸、线、麻、皮都要加"雀鼠耗"，每缴银十两加半两。到后汉隐帝时，"雀鼠耗"由纳粮一石加耗两斗增为四斗。百姓苦不堪言，又不敢抱怨皇帝，便将一肚子气发泄在"雀鼠耗"这个名称提及的老鼠身上，咒骂老鼠是"耗子"，流传至今。

由此，有俗谚：过街老鼠，人人喊打。这是为什么呢？请看，老鼠其貌，"须如麦芒半垂，眼如豆荚中辟，耳类槐叶初生，尾似酒杯余汤"，丑陋至极。行动间"或寻绳而下，或自高掷地，登机缘柜，荡扉动帘，忉忉（忧愁）终期，轰轰竟夕……或床上捋须，或户间出额"，欹覆箱奁，腾残茵席，偷盗粮食，咬箱啃柜，毁坏建筑。《仙居新闻》曾报道，一老农将3500元人民币藏在家中墙缝里，取用时发现纸币全被老鼠咬成碎屑，痛心至极。幸好银行费心拼凑认定，老农得以如数换回钱币。鼠患令人生厌，故有上文之俗语，老鼠也因此被列为要消灭的"四害"之首。

那么，如此令人憎恶的老鼠怎会成中华民族生肖属相之首呢？这与老鼠的灵敏和传说中玉帝之命令有关。

在人类还崇拜动物的原始社会，在中国，传说老鼠、狐狸、黄鼠狼、刺猬和蛇被作为"五大门"崇拜，有不少民族、部落视鼠为其始祖。那时的"十二神兽庙"中就有鼠神，年年祭拜。故唐朝柳宗元云："鼠，子神也。""子"，既指儿女（多指男性），又指时辰。"子"的甲骨文为头、身、腿俱全的幼儿形象，是人的初生状态，寓意开端、起始，即"子"从"了"、从"一"。"了"为了结、终结、完成之意，寓意旧的事物结束；"一"为起始，为大，为整体、完备，表示新的事物开始。"了""一"组合为"子"，可理解为辞旧迎新，事物转化到一个新的起始点。"子"作为地支的第一位，"子时"正是半夜23时至第二天1时，是新旧更替、阴阳相交之时，是天地、明暗、阴阳各占一半，势均力敌、难分上下之际，这正是鼠类最活跃的时间。故"子"于十二生肖中属鼠，又称"子鼠"。（李土生，《十二生肖：生命的密码》）

鼠的特点在选排十二生肖中起了重要作用。传说玉帝下令，在规定日子内，人间动物只要于人类有功，都可到天宫候选，以到达先后顺序排序次。鼠、猫本为好友，约定到截止时，由鼠喊猫同行，赶往天庭。可老鼠知晓自己既不漂亮，又无功于人类，须得设法避猫，先到天庭。于是老鼠违背了约定，躲到牛角上，让牛载其进天宫。恰逢牛卖力，先到天门前，刚好天门开启，老鼠跳出牛角，比牛先跑进天宫。"君王口中无戏言"，玉帝只好宣布：鼠为生肖之首。而猫不闻鼠声，不见鼠影，待它匆匆赶到时，十二生肖已经选定。从此，鼠猫结仇，猫一见鼠就抓，鼠则拼命逃跑，其他动物对鼠亦无好感，疏远老鼠，老鼠只好永世穴居地下。但鼠繁殖迅速，年生12胎，每胎近10只，故也难以永绝。1958年秋冬，湖州北郊公社一农田内，割下的水稻只堆在田埂地头，忘了进行仓储，竟成了老鼠繁殖地。有人途经此处，翻开稻堆，一窝窝幼鼠闭眼赤皮，数量极多。

鼠家族很庞大，种类繁多，陆生水生，穴居树栖，无所不有，竟有1700多种。其中有许多千奇百怪的老鼠，如非洲有居住在麦秆上，重仅5克，身长仅5.7厘米的巢鼠；尼日尔阿德勒拉地区有"踩不死"的老鼠；坦桑尼亚和莫桑比克有遇上猫就分泌"麻醉剂"的"捉猫鼠"，猫触到该"麻醉剂"就发抖瘫倒，任鼠摆布；摩洛哥肯地勒温地区，有眼喷麻醉性毒液，让蛇中毒而死，然后吃光蛇的"捕蛇鼠"。欧洲希腊维库加地区，有常年生活在80—90℃的温泉中，在常温下却会冻死的"沸鼠"；俄罗斯雅库特地区，有生活在气温－70℃的冰天雪地中仍悠然自得的"冻不死"的老鼠。拉丁美洲，有重达50千克、高 1.5 米、长 1.3 米的"水猪鼠"，这类鼠是鼠族中体型最大的；亚马孙河流域中，有能咬破皮艇，可在水中泅渡，能使自身成气球状以令敌方无可奈何的"变形鼠"。美洲，有能在水下存活 3 个昼夜、捉水下鱼类以充饥的"泳鼠"；美国的森林中，有种血液中有抗毒酶因子，能分解蛇毒的、与响尾蛇同居的"同穴鼠"；宾夕法尼亚州有头顶香腺，沿颈部有长长的香腺管，通身香胞，发出阵阵香气的"香鼠"，还有种能钻进车、船、飞机中的警犬无法钻进或钻不到的违禁品中并发出信号警报的"文凭鼠"。亚洲，哈萨克斯坦的巴尔塔什湖附近有种"微型鼠"，全身布满绒毛，五脏俱全，仅有指针那么大；蒙古有群栖于干燥草原地区的"蒙古黄鼠"，俗名"大眼鼠"，大眼突出，有颊囊，毛呈黄色，毛皮可用，也称"地松鼠"。

鼠之穴居，仅露鼠洞，世界上第一条地铁（伦敦地铁）便是建筑师皮尔逊受鼠洞的启发而设计建成的。更为稀奇的是为老鼠立法。如印度尼西亚于 1987 年 7 月颁布了《鼠税法》，规定每耕种 1 公顷稻田，要缴 75 只活鼠或死鼠后，才可开耕；银行贷款或办旅游手续，需缴 75 只老鼠才能获准；结婚离婚要缴 50 只老鼠。另有为老鼠设立纪念日的，在美国宾夕法尼亚州普苏塔尼地区，每年的 2 月 2 日约有 1.5 万人集聚该地以庆祝"土拨鼠日"。据说在该日，此鼠会出洞寻找自己的影子，如果这天，它能看到在太阳下投射出的自己的影子，则预示着未来 6 周内天气将保持严寒，反之则表示春天的脚步已来临。

中国鼠文化博大精深。谚语中，有比喻人无远见，只看重眼前利益的"老鼠眼睛一寸光"；比喻坏人总爱在夜间偷盗的

"老鼠怕天亮"；比喻人不爱惜别人的劳动成果的"老鼠养的猫不疼"；比喻人急了会做出反常事来的"老鼠急了会咬人"。

常见的带"鼠"字的词语有鼠辈、鼠窜、鼠标等，俗语也较多，如：老鼠眼，三寸光；老鼠说猫最厉害；老鼠没有不偷油的；老鼠再大也怕猫；老鼠专拣窟窿钻；老鼠钻牛角，进顶了；老鼠留不住隔夜粮；老鼠不吃洞前米；老鼠不出洞，只好拿水冲；老鼠跺脚震不塌地；老鼠拉龟，不知哪咬；老鼠遇猫魂魄散，羔羊遇虎骨筋酥；老鼠吃不了蛀；等等。

歇后语更多，有130余条。昔日照明用油灯，灯台之上置一灯盏，盏内放清油，清油由乌桕榨得，油内有一灯芯（灯芯草剥了外皮留下的芯），松软有弹性，浸在油中，一燃即亮，发出亮光。一鼠仰头，尖嘴翘须，两眼凝视，沿着灯柱往上爬，尾弯伸入油盏中，甚至跃入盏中，滚得一身油滑。故有歇后语曰："老鼠偷油喝——油嘴滑舌。"另有：老鼠掉进烟筒里——死路一条，老鼠看粮仓——不愁吃，老鼠给猫拜年——玩儿命巴结，老鼠算卦——撂下爪儿就忘，老鼠逗猫——没事找事，老鼠投胎——小眼尖嘴巴，老鼠搬金——没用处，老鼠鼻子——大不了，老鼠打架——小抓挠，老鼠攻墙——家贼难防，老鼠看天——小见识，老鼠看仓——越看越光，老鼠嫁女——小打小闹，老鼠进洞——拐弯抹角，老鼠进缸——好进难出，老鼠生崽——帮猫攒劲，老鼠要猴——大眼瞪小眼，老鼠做寿——小打小闹，老鼠钻风箱——两头受气，老鼠搬西瓜——连滚带爬，老鼠吃鸡蛋——不好开口，老鼠吃稻穗——顺秆上，老鼠出洞口——东张西望，老鼠掉进油缸里——脱身不得，老鼠进书房——咬文嚼字，老鼠钻进象鼻子——一物降一物。

成语有 20 来个，如：比喻人胆小怕事、遇事畏缩的"胆小如鼠"，比喻人人痛恨的坏人的"过街老鼠"，比喻人眼光短浅、无远见的"鼠目寸光"，形容因欺凌引起的争讼的"鼠牙雀角""雀鼠之争"，比喻人气量狭小的"鼠肚鸡肠"，形容微末轻贱的人或物的"虫臂鼠肝"或"鼠肝虫臂"，形容盗窃行为的"鼠窃狗偷"，形容人仪表猥琐、神情狡诈的"獐头鼠目"，形容居官不尽职守、包庇纵容下级干坏事的"猫鼠同眠"，形容做事方法愚笨，因小失大的"掘室求鼠"，比喻人心怀疑虑、做事放不开手的"投（掷）鼠忌器"，借指人须知廉耻、讲求礼仪的"相鼠有皮"，比喻事情毫无成功之望的"以狸耳鼠"，比喻以假充真的"以鼠为璞"，形容人受沉重打击而狼狈逃跑的"抱（奉）头鼠窜"，比喻人竭尽一切办法搜括、筹集钱财的"罗雀掘鼠"，比喻贪心卑鄙之人的"狼贪鼠窃"，比喻无名渺小之人的"无名鼠辈"，比喻无足轻重的人或事物的"狐鸣腐鼠"，比喻无才能的庸人的"鼠雀之辈"，比喻有所依持的坏人的"城狐社鼠"，比喻人踌躇不决、摇摆不定的"首鼠两端"，比喻敌军躲躲藏藏、不敢出动的"狐凭鼠伏"，比喻两军狭路相逢无回旋余地，只凭勇猛取胜的"两鼠斗穴"，比喻被人欺压逼得无路可走，纵无能力也要反抗斗争的"穷鼠啮狸"，等等。

古人有崇鼠的风俗，传说商王曾娶鼠为妻，称为"鼠妇"，崇拜之意可见一斑。且鼠又居十二生肖之首，故民间至今留有不少"吉鼠"风俗。旧时民间在正月间（或初七，或初十，或十七，或廿五）举行祀鼠活动，亦称作"老鼠嫁女""老鼠娶亲"。广西隆林、西林彝寨人以腊月初一为"耗子节"。传说古时当地有年大旱，那年的腊月初一，人们快饿死时，老鼠给人送来了种子和粮食。故在此日人们以生肉、饭菜喂猫，以避猫抓老鼠。（李浩、徐建新，《十二生肖与中国文化丛书·生肖鼠》）至今民间还流传有"吉鼠献瑞""金鼠招财"的吉祥话，另有"老鼠抱葫芦""老鼠嫁女"等画或剪纸。民间传说老鼠率先"咬"破了天，天地神人从此通灵，称鼠有"能飞、能跑、能攀、能穴、能泳"的五技，故曰"五技鼠"。的确，老鼠聪明、机灵、狡黠、敏捷、神秘。

"金鼠招财"的典故，来自"金鼠年"。中国古代历法是用干支纪年，而"干支纪年"又与"五行"相通。古代天文学家制定了"六十甲子别五行图"，使每一年对应一行，六十年一循环。某行与某个生肖相并这一年，就把行与生肖一起称呼了。如上一个"金鼠年"是1984年，则下一个"金鼠年"为2044年。

不过旧时念鼠活动，更多体现出恨鼠，望其灭绝，以断鼠患的意愿。如旧时浙南元宵节有"打老鼠眼"的岁时风俗，此日先煮好黑豆，站在室内梁下，并抛黑豆到梁上，口念"西梁上，东梁落，打得老鼠光铎铎（断绝之意）"。一般抛7粒，表现出对断绝鼠患的企盼。旧时每年农历正月十四晚，青海乐都、民和等地都会蒸"瞎老鼠"。此日人们用面粉捏成12只瞎鼠，以椒仁作眼，七窍俱全，用蒸笼蒸熟，次晨拂晓呈献于供桌，并烧香祈祷，盼这年鼠只吃草根，无碍庄稼，求来年丰收。

在许多关于鼠的剪纸与画中，最有名的是剪纸艺术家于平和任凭的作品——《老鼠嫁女》。一乘小轿，装饰华丽，二鼠抬之，前鼠回头望新娘，后鼠紧盯新娘，前呼后拥，三鼠在前，一鼠吹长号，二鼠持锣鼓，一鼠背旗紧跟轿，二鼠抬嫁妆，众鼠两脚行，尾巴上举打着弯。新娘掀盖头，向轿窗外探望；新郎戴礼帽，骑着癞蛤蟆，手捏一折扇，双眼直勾勾，望着新娘妆箱。惟妙惟肖，妙不可言，令人捧腹。南方称腊月二十四是老鼠生日，姑娘要用红绿纸剪嫁衣，压在灯台下，为老鼠送上厚礼。

诗词作品中，鼠形象较为多见。如《诗经》中的《鄘风·相鼠》："相鼠有皮，人而无仪；人而无仪，不死何为？相鼠有齿，人而无止；人而无止，不死何矣？相鼠有体，人而无礼；人而无礼，胡不遄死！"作者以反问口气谴责不懂礼仪、不知羞耻、贪得无厌的人。《魏风·硕鼠》《豳风·七月》《斯干》《正月》等都写有鼠，尤以《魏风·硕鼠》更有名。唐代罗邺于七绝诗《官仓鼠》中写道："官仓老鼠大如牛，见人开仓亦不走。健儿无粮百姓饥，谁遣朝之入君口。"老鼠、贪官合二为一，"官仓鼠"成贪官代称。董必武的《挽嘉义新四军通讯处涂罗十烈士遇难》中写有："鼠狐安敢阻，刀剑各争鸣。英灵如不昧，鸭绿奠三觥。"其另一作品《再为长句奉和毛主席诗韵》中写道："倒绷儿臂事非鲜，吞却糖衣锭欲仙。投鼠必须思忌器，得龟切莫喜忘筌。"不怕特务暗杀，置生死于度外的闻一多教授，其《静夜》有两句散文诗："最好是让这头颅给田鼠掘洞，让这一团血肉也去喂着尸虫。"

文学作品中，和鼠有关的，最为有名的莫过于《三侠五义》中的"五鼠"形象。《三侠五义》写北宋仁宗年间，空陷岛上五位好汉各自有带"鼠"字的外号——"钻天鼠"卢方、"彻地鼠"韩彰、"穿山鼠"徐庆、"翻江鼠"蒋平、"锦毛鼠"白玉堂，号曰"五鼠"。他们为民除暴安良，后因"锦毛鼠"不服南侠展昭被封"御猫"而有了"五鼠闹东京"的故事。这五个人物形象鲜明，性格各异。而《水浒传》中一百零八将之一的"白日鼠"白胜，本是安东村一闲汉赌徒，在"智取生辰纲"中，白胜却成了最得意的英雄。《西游记》中唐僧师徒陷入空山无底洞，遭遇"老鼠精"化为美女，要与唐僧成亲。

戏剧作品中也有对鼠形象的应用，如川剧大幕戏《十五贯》中的人物娄阿鼠，因贪财杀死尤葫芦，嫁祸苏戍娟、熊友兰。后苏州知府况钟易装私访，抓住真凶。剧中"访鼠""测字"等桥段成久演不衰的折子，"娄阿鼠"也成了典型的盗贼形象。有人曾据第二折戏出过两条谜语：①寻子（打一昆曲折子戏一，谜底：访鼠）；②娄阿鼠问卦（打一成语，谜底：做贼心虚）。

对联。某农村有副体现乡村情意的对联："饥鸡争豆斗，暑鼠卧梁凉。"鸡为争食而啄斗，鼠为避热而卧梁上纳凉，十字巧用四组同音字，更为趣巧。古时一才子与友人有一晚在农家作对互娱，才子见鼠偷茧即吟："鼠偷蚕茧，浑如狮子抱球乐。"友人脱口："蟹入鱼罟，恰似蜘蛛结网忙。"两人不禁相视而笑。广东新会塾师当众出上联"破浪自知鱼有翅"，少年陈梦洁应声曰："穿牖谁谓鼠无牙？"满座称绝，塾师称奇。

清朝有位姓乌的巡抚来到浙江，某位翰林去拜会，乌巡抚出联讥讽："鼠无大小皆称老。"（凡入翰林者都爱被称作"老先生"）翰林脱口反击："龟有雌雄总称乌。"着实巧妙，令人捧腹。宋朝青州一乌姓老寿星，宴请李清照与赵明诚夫妇出席。酒过三巡，众邀赵夫妇合写贺寿联，明诚写下"乌龟方姓乌"五字，众愕乌愁，李清照不慌不忙在明诚墨迹之后续写："龟寿比日月，年高德亮。"乌老看罢捻须叫好。赵明诚没想到自己的词，清照竟都能巧对，"死不服输"而写道："老鼠亦称老。"清照提笔写："鼠姑（即牡丹花）兆宝贵，国色天香。"众人齐喝彩，乌老见联中"乌老"二字巧嵌，更是狂喜。相传清代一财主请剧作家李渔为其写副对联，李渔写道："养猪头头大老鼠只只瘟；酿酒缸缸好做醋坛坛酸。"联无标点，财主读之，怒气冲天，告到县衙，县令闻之，传李渔问责，李渔当堂一念，县令、财主哑口无言。个中学问，妙在断句，是断在"大、好"处还是"鼠、醋"处。

　　谜语。如：嘴尖尾长，钻洞上梁，昼不露面，夜游厅堂，打一兽类；从小练得本领强，穿墙走壁爬上梁，进房入户任意走，又坏物钱又盗粮，打一兽类；似鼠尾巴长，家中没有它，家喜安山上，爬山上树快，打一兽类；身子细长尾巴大，沟里洞里安家，黄毛皮子价高，加餐就吃毒蛇，打一兽类；飞着活像鸟，坐下好似猫，夜里去捉鼠，数它武艺高，打一禽类；含冤多年，丹心不变，深夜沉寂，捕鼠目电，打一禽类。

　　最早的鼠年邮票是韩国于1959年12月15日发行的贺年鼠票，一套三枚，其中一枚主图是一对身穿朝鲜民族服装举行婚礼的拟人化的小鼠，背景为双喜汉字。最早的鼠年小本票，是我国于 1984 年 1 月 5 日发行的 T90《甲子年》邮票，共一枚，主图是詹同绘的漫画鼠；同日发行的另十二枚小本票，单边无齿，封面为抽象变形鼠。我国于 2008 年发行了一枚生肖鼠票，图案为坐着的彩装鼠，八色鼠头，唇尖顶个红珠，蓝胡须，圆耳圆孔，颈部二层花边；身深蓝，蓝尾后翘上伸，尾尖浅棕卷为缺口圆；身旁有一盆花，墨绿隐黄，三瓣大叶中有一溜蓝色，三条花茎一支上伸，五瓣粉红花，五条花蕊分明，花盆棕色三只脚。最早的方联票，是中国台湾于 1971 年 2 月 1 日发行的壬子鼠年贺票，全套共八枚，分两个同图四方联。最早的有奖鼠票，是日本于 1995 年 11 月 15 日发行的贺票，一套四枚，图案分别为玩具鼠与椒和玩具屋中的食米鼠，其中两枚是长条有奖票。最早的鼠年异形票，是古巴于 1996 年 12 月 20 日发行的《鼠年票》，共一枚，呈等腰三角形，图案为装饰性花鼠，也是世界上在生肖年内发行最晚、距新年最近的生肖邮票。

地名、风景名胜名中也有"鼠"字的身影。山东乐昌汶河上游北岸沂山山脉有一鼠岭，站岭巅远眺，可见大小水库。浙江舟山嵊泗列岛中的老鼠岛，岛形似鼠，岛上曾老鼠横行无忌，今是垂钓地。浙江台州仙居杨府有一老鼠梯。安徽天柱山炼丹湖边的猫鼠石，两石分立，下石如猫，上石如鼠，神态各异，自炼丹台西望，该石似猫纵身捕鼠，鼠翘尾逃窜，称"神猫逼鼠"。福建东山岛港区海域的老鼠礁，每天涨潮两次，潮涨礁没，潮退礁露。广东清远飞来峡上飞来寺的后山中有一蝠鼠岩，因蝙蝠多出没并停于岩上而得名。重庆云阳盘石镇大山中的飞鼠洞，洞幽路险，穴异景奇，鼠类尤多，昔为乡民避难之所。甘肃渭源露骨山上的鸟鼠山，是各种鸟类鼠类的天堂，鸟鼠同穴，鸟在外鼠在内，彼此相安无事。

名称含"鼠"字的中草药有多种，如一年或越年生的草本植物鼠曲草，别名米曲、清明菜，浙江仙居人称其为棉青。春夏采集，全草药用，性平味甘，清热解毒，止咳平喘，补脾去湿。主治感冒咳嗽、寒喘、慢性支气管炎、风湿性腰腿痛。另有刺灌木老鼠簕，别名软骨牡丹。全年采集，根药用，性凉微咸，消肿散瘀，除痰止痛。主治肝炎、肝脾肥大，淋巴结肿大，胃痛、哮喘。还有柔弱草质藤本老鼠拉冬瓜，又名马㼎（báo）儿，别名老鼠拉金瓜。秋季采集，根或全草药用。性微寒涩，味甘苦。浮肿拔毒，除痰散结，清肝利水。主治痈疮疔肿、湿疹，咽喉肿痛、腮腺炎，尿路感染、结石，急性结膜炎，小儿疳积。

最后，请大家做个动脑的游戏。一是在下表中，填上含"鼠"的成语，一行一列各一条。二是以"鼠"开头，成语接龙连续十条，最后一条以"年"收结。

鼠			
	鼠		
		鼠	
			鼠

鼠趁三更去，牛驮五福来。

鼠报平安归玉宇，牛随吉瑞下天庭。

牛年说"牛"趣

辞旧迎新除硕鼠，富民强国效勤牛。鼠年谱就惊天曲，牛岁赢来动地诗。牛年到来说"牛"趣。

牛是人类进行农业生产的重要帮手。考古挖掘资料证明，早在距今五千余年前，野牛已被人们驯化成（有人说是第二驯化成功的）家牛，用于耕地或驮物，是中华民族农耕文明不可或缺的角色之一。牛还是古代祭祀时的重要供品，古代祭祀分太牢、少牢，太牢祭品须"三牲"（猪、牛、羊）齐全，缺了"牛"就叫"少牢"。历史上有专门的官员管牛，这类官叫地官，被称为"牛人"。"牛人掌管国之公（公共之意）牛，以待政令，祭祀供享牛，宾客供膳牛，军事供犒牛，丧事供奠牛……"（《周礼》）

牛人依据牛角的发育程度，判断牛的老幼从而区别牛的等级，确定用于祭天祀神、迎宾或者犒赏军士等。祭天地之牛，角茧栗；宗庙之牛，角握；宾客之牛，角尺。（《礼记·王制》）中华民族神话传说中的炎帝，也就是"神农氏"。所谓"神农"实为农神，其形象竟然是"人身牛首"，可见牛在古代农耕社会中的地位之高。

那么，古代祭祀的祭品为什么称"太牢、少牢"呢？请看看这个"牢"字的来历吧。

《说文解字》云："牢，闲也。养牛马圈也。"甲骨文、金文中，"牢"字外部为牲畜圈周围的护栏形状，中间的"牛"是牲畜的代表。小篆之"牢"，则在圈栏的出口加一横以表示门。故"牢"的本义是养牲畜的圈栏，后引申为关押犯人的监狱，如牢狱、牢房、牢门、囚牢、监牢、大牢等；也用作形容词，有坚固、经久之意，如牢固、牢靠、牢记、牢稳、牢不可破等。

"牛"的甲骨文是牛头的正面象形（Ψ），上部两侧向上弯的是牛角，下部两边斜上的是牛耳；亦有全身侧视之形，均以犄角作为其形象特征。金文则将牛耳拉平。《说文解字》中提到，"牛，大牲也"。如前文所说，牛常作为祭祀用的牲畜，称为"牺牲"，又因其形体庞大，故曰"大牲"。（李土生，《十二生肖：生命的密码》）牛的家族也很大，有帮人耕地、推磨、驾车的黄牛，有性情温顺、力大耐久，犁、耙、耖水田的黑水牛，有吃草产奶的乳牛，有专供人餐桌上食用的菜牛（即肉牛），有被称为"高原之舟"的牦牛。人们尤其赞颂牛的任劳任怨、勤恳忠实、埋头苦干。正因牛吃的是草，挤出的是奶，献出的是力气，才有奶业、鞋业等。

也许正是因其精神品德突出，牛才登上玉帝的十二生肖榜，要不是老鼠藏在牛角上，抢先得了头名，牛肯定是属相之首呢。

传说古时，牛是玉帝殿中的差役，常往返于天宫与大地之间。一日，农夫托牛给玉帝传个口信，说是人间寸草不生，大地光秃秃，请玉帝带点草籽给人间，将大地扮得好看些。玉帝听了觉得有道理，便问殿下众神谁愿去人间撒草籽，牛自告奋勇说："我愿去。"而玉帝觉得牛粗心大意，不放心他，一开始并未同意。但牛坚持要去，说："玉帝放心，这点小事我都办不好，甘愿受罚。"玉帝才同意其请求，嘱咐牛到人间后，走三步撒一把草籽。

牛带着草籽，高高兴兴地走出天宫。不料，在跨出南天门时跌了一跤坠下人间，头脑晕乎乎的，误以为玉帝的旨意是走一步撒三把草籽，就这样，撒得大地处处是草籽。次年开春，野草丛生，农夫无法种庄稼了，他们托灶神告诉玉帝，草籽太多，庄稼无法生长。玉帝知道坏事了，召来牛一问，才知道事情真相，斥责牛："你这粗心的老牛，弄得人间野草遍地，当初你怎么保证的？从今以后，你和你的子子孙孙都只许吃草，帮助农夫除掉野草，并且祖祖辈辈都得帮助农夫干活儿。"玉帝说毕，怒气未消，飞起一脚，踢向老牛，牛一个筋斗从天上落到人间，嘴巴朝下，摔掉了一排上门牙。从此，牛便一辈子给农夫当苦力，从未停止啃青草，而那排上门牙至今还未长出来。

属相配地支，牛配的是"丑"字。"丑"的甲骨文、金文像手形，前部弯曲强调指甲部位，本义为指甲，是"爪"的本字。将今体"丑"的字形视为"丿"，从"土"："丿"的字形像是犁地的农具，是犁上的"犁冲"；"土"为土地、土壤。"丿"在"土"上，就像农具犁耕耘于大地，强调土地孕育着生命。故，丑于五行属土，用于纪时，指凌晨1时至3时，正是大地需要耕垦之时。所以，"丑"又与人体之手相对应，所代表的意义是：草木在土中发芽，屈曲着将要冒出地面。所以丑亦为"扭"，表示弯曲、扭曲，是事物从萌芽到发展时的艰难奋斗；又是"纽"，表示阴气坚固的纽结渐渐缓解，未来充满希望。"初生牛犊不怕虎"，人的童年时期像一头小牛犊，有旺盛的生命力，生机勃勃，对许多艰难、挫折敢作敢为，不怕失败。（李土生，《十二生肖：生命的密码》）由此，后人派生出牛性、牛脾等派生词。此外，牛还有多、大之意，如多如牛毛、牛饮（狂饮）等词。还有以"牛"作偏旁构字，如牝、牡、牧、犊、牦、牯、犄、犄、犒、犀、犁、牵、犟，都与牛、牛属动物及行为或性格有关。

牛羊都有四个胃：瘤胃、蜂巢胃、重瓣胃和皱胃。牛吃草后，并不嚼动，直接吞下储在瘤胃中，瘤胃没有消化腺，草被水分和唾液浸软，再由草同吃进的细菌和原生物发酵，发酵后食物进入蜂巢胃和皱胃，再不断返回口中咀嚼磨碎而进入重瓣胃和皱胃，进行充分消化。这一过程叫作"反刍"。牛上颌无门牙和尖齿，只有六枚臼齿，但上颌却成坚硬的齿板，与下颌的门齿紧密闭合，因此吃草时，牛舌只把草卷进嘴中，凭齿板与下颌齿切断。而牛舌更是特别，舌背面中央隆起，呈椭圆形，舌上有许多角质化的坚硬乳头，起磨碎草料的作用。牛的四蹄前大后小，踏地平稳有力，头上生有一对角，黄牛尖短，向前长出，水牛角扁平内弯，犀牛角则粗尖向前。一般羊、牛、鹿之角都是两雄争雌的武器，犀牛角遇敌显威，低头猛冲，连大象肚皮也会被刺穿。牛尾端有一束长毛，用于驱赶吸血蚊蝇、昆虫（如牛虻）。

牛有许多朋友。水牛身上有许多吸血的虫，如牛蜱、牛蝇、牛虱等，八哥、牛背鹭爱吃牛身上的寄生虫，故常停在牛身上啄食。同样地，犀牛皮上多皱褶，易长虫，痛痒难忍，犀牛鸟停其身上，帮其捉虫子吃，与犀牛是"好友"。

牛在先民告别"刀耕火种"进入文明社会的过程中，助过一臂之力，因此人们称牛为"仁牛""神牛"。（孙喜伦，《牛年漫说牛文化》）《周易》以"乾、坤"二卦统帅万事万物，称"坤为牛"，牛负载生养万物的大地，即坤卦像地之任重。可见牛的资格与天同位。牛是人类最忠实的朋友，它向人类索取很少，而贡献于人的很大，如鲁迅先生所说："吃的是草，挤出的是奶、是血。"它任劳任怨，从事繁重的活计，在农业中耕田耙秒，甚至拉水、拉车进行运输，表现得勇敢拼搏、自强不息、不求名利、朴实无华，而且富有牺牲精神，怎不受人们青睐呢？所以民间流传着许多与牛有关的民俗。

相传农历正月初五是牛生日，这天人们要精心喂牛，禁屠牛、鞭牛；农历四月初八，贵州布依族人，要让牛休息一天，喂糯米饭，称"献牛王"，以慰劳耕牛；农历四月初八，或五月初七或六月初六、七月初七，广西壮族人民也要让牛休息，扫净牛栏，撒上石灰，给足草料，牵牛到河边洗刷，用艾叶加少许米酒浇牛身，给牛除虱、压惊、定魂，称"牛魂节"；端午前后，云南施甸地区有村老或头人，将红纸包着香柱插在各户厅堂前，次日牵一头牛，用杨柳、桃枝、黄泡树枝各一枝来扎一把，扫村内各家各户的门庭，而各家各户的主任则要往村老或头人身上泼冷水，表示洗去牛脚迹，称"洗牛脚"；农历六月初六，贵州一些侗族地区，在春耕结束后，要在河里为牛洗澡，插几根鸡鸭毛在牛栏旁，为牛洗尘，祈祷耕牛平安健壮，谓"洗牛节"；农历十月初一，贵州仡佬族、壮族、苗族，会停止役使耕牛，用上好的糯米做成两个糍粑，分挂于牛角上，带牛去河边照镜子，让牛高兴，称"牛王节"。民间还有"斗牛"习俗，西班牙斗牛盛行，在我国并不普遍，以浙江金华、嘉兴较为出名，多用于娱乐。两地斗牛，其法不同，金华地区是两头牛之间互顶，一头牛逃跑或失蹄倒地则为输。而嘉兴掼牛则是起源于回族汉子斗牛。斗牛士凭勇气、力量与牛搏斗，靠的是灵活智慧，赤手空拳，用单臂双臂摔、肩摔、扛摔，搏得牛失蹄、倒地、四脚朝天（三个等级），最后评选大力士，获物质奖励，受人尊敬。摔（甩）牛者要具武术功底，摔跤手要灵活，硬气功有爆发力才行。

牛文化丰富而有趣。传说大禹治水中，长江三峡西陵峡南面有座黄牛山，是神牛抵通三峡后化身而成。春秋战国时期，有两件事都发生在齐国。一是齐桓公重用宁戚，二是齐将田单凭火牛阵胜燕军。《离骚》云："宁戚之讴歌兮，齐桓闻以该辅。"汉代王逸注曰："宁戚，卫人。""该，备也。宁戚修德不用，退而商贾，宿齐之东门外。桓公夜出，宁戚方饭（喂）牛，叩角而商歌。桓公闻之，知其贤，举用为客卿，备辅佐也。"真是贤才落魄，君臣遇合啊！田单为齐国名将。燕将乐毅率兵伐齐，很快席卷齐地，只剩莒（jǔ）和即墨二城未陷。后齐用反间计，乐毅兵权被除而走赵国。田单守即墨，见燕军放松警惕，便于城中聚集千头牛，给牛披上五色彩衣，角绑利刃并束芦苇浇以油，牛怕火便狂冲出城，五千壮士紧随其后，城上士兵击鼓呐喊，火牛直冲，触之即死，锐不可当，燕军一败涂地。真是"谋事在人，成事在牛"啊！这就是著名的"火牛阵"。（崔嵘，《牛年说牛趣》，《牛城晚报》，2008-12-30）

古代不少人用"牛"做名字，如孔子学生冉耕，字伯牛，司马耕，字子牛。也有人以"牛"自喻，如鲁迅的"横眉冷对千夫指，俯首甘为孺子牛"。李可染的画室名为"师牛堂"。老舍雅号"文牛"。臧克家作"老年亦解韶光贵，不待扬鞭自奋蹄"。齐白石自称"耕砚牛"。（孙喜伦，《牛年漫说牛文化》）至于姓中含"牛"字的，如相声演员牛犇（bēn），一人占四牛，奇妙至极！

谚语：牛犊不识虎；牛怕一根绳；牛好鼻上不断汗；牛马困于牛虻；牛老一冬，人老一年；牛吃饱，田吃饱，种田老汉饿不了；牛栏通风，牛力无穷；牛要耕，马要骑，孩子不教就调皮；牛无夜草不肥，菜不移栽不发；牛吃草，要反刍；牛是农家宝，有勤无牛白起早；牛羊多叫必落雨；牛羊中午不卧梁，下午雹子来一场。

俗语有比喻阴险丑恶者的"牛头马面"；称答非所问的"牛头不对马嘴"；表示两者不相干的"风马牛不相及"；形容强迫人做不愿做的事的"牛不吃草强按头"；表示人缺乏自知之明的"牛不知角弯，马不知脸长"；表示受条件限制，有力用不出来的"牛犊追兔子，有劲使不上"；表示做事难以合作的"牛套马，累死俩"。还有"牛皮灯笼肚里亮""牛舌头，揽得宽""牛吃草，马吃谷，牛抵头，羊抵角"。

成语。单单《庄子·养生主》中的"庖丁解牛"故事就衍生出了八个成语：庖丁解牛、目无全牛、游刃有余、官止神行、批郤导窾、新发于硎、善刀而藏、踌躇满志。另有比喻有大本事的人先在小事上略微施展的"牛刀小试"；形容贫穷时夫妻同度艰难的"牛衣对泣"；原指佛教牛头虎的"牛鬼蛇神"；表示虽不值钱却不无作用之物的"牛溲马勃"；比喻大材小用的"牛鼎烹鸡"；比喻优才与庸人混杂的"牛骥槽皂"。还有一牛九锁、一牛吼池、九牛一毛、九牛二虎之力、土牛木马、木牛流马、泥牛入海、童牛角马、椎牛飨士、搏牛之虻、汗牛充栋、问牛知马、老牛舐犊、老牛破车、执牛耳者、如牛负重、吴牛喘月、初生牛犊不怕虎、学者如牛毛、成者如麟角、气冲斗牛、归马放牛、杀鸡焉用牛刀、鸡尸牛从、鸡口牛后、多如牛毛。

歇后语：牛打架——角斗，牛皋问路——少礼，牛犊拉车——乱套，牛骨头煮胶——难熬，牛耳上弹琴——没用处，牛鼎烹鸡——大材小用，牛吃南瓜——开不了口，牛吃卷心菜——各有所爱，牛绳落人手——不能自主，牛耕田、狗看家——各守本分，牛吃苞米秸——天生的粗料，牛耕田、马拉车——各有各的道。

常用词：牛皮纸、牛仔裤、牛皮带、牛饮、牛犊、牛毛、牛皮、牛鼻子、牛气、牛劲、牛脾气、牛角尖、牛蒡、牛黄、牛市、牛皮癣、牛虻、牛虱。牛仔裤，原是意大利港口城市商船中水手所穿的裤子的称谓，即"genoese"或"genes"。人称"齐腰工装裤"。1850年，德国人李诚·斯达斯来美国旧金山淘金，见到千千万万找金矿的人后，他开起商店，经营帐篷和帆布。有次工人认为用帆布做裤子好，服装店依工人劳动特点做帆布裤子，形成独特样式。

文艺领域也存在大量"牛"的身影。文学作品有民间故事《牛郎织女》。诗歌更多，在《诗经》中，《大雅》的《民生》《苇行》，《小雅》的《楚茨》《无羊》，《周颂》的《丝衣》都写到牛。《丝衣》："自堂徂基，自羊徂牛，鼐鼎及鼒，兕觥其觩。"《无羊》："谁谓尔无羊？三百维群。谁谓尔无牛？九十其犉。……尔牛来思，其耳湿湿。"唐代诗人白居易的《卖炭翁》："牛困人饥日已高，市南门外泥中歇。""手把文书口称敕，回车叱牛牵向北。"袁承福的《老翁卖牛行》："此牛卖去田难种，恨不与牛同死生。洪水滔滔四字逼，人兮牛兮两无食。劝翁努力活荒年，卖儿卖女尤堪惜。回首视牛牛眼红，吐饼不食心恋翁。买牛人自鞭牛去，老翁泪湿东西路。"农民与牛的感情多深，农民何其辛苦，对比鲜明。古今诗人多有颂牛诗，如南宋宰相李纲的《病牛》："耕犁千亩实千箱，力尽筋疲谁复伤？但得众生皆得饱，不辞羸病卧残阳。"作者以病牛自况，寄情明志，虽筋疲力尽，还想为众人温饱再耕些田。（孙喜伦，《牛年漫说牛文化》）仙居诗人林白的《赞老牛》："竹鞭绳鼻斥西东，默默耕耘陇亩中。勇武何如镖马烈，娇媚却许锦猫工。渐知衰齿怜春草，犹欲奋蹄追夕红。安得田单良计出，狼烟不惜火牛攻。"诗中运用典故，描述了牛的生活，颂扬了牛的品质。

对联。如："瑞雪迎春到，金牛贺岁来。""莺舞池边柳，耕牛陌上春。""猪肥牛壮家家乐，燕舞莺歌处处春。""黄牛舔犊芳草地，紫燕营巢杏花天。"用典故的，如"丙吉问牛关汉室，子房借箸辅刘邦"。《汉书》载丙吉（西汉宣帝宰相）见牛吐舌，十分关切；《史记》载留侯张良（字子房）通过借汉高祖之箸献计献策，辅助汉高祖复兴。1982年央视春节联欢晚会迎春联征对："碧野田间牛得草。"全国应对有一联："金山路遥马识途。"教育家陶行知的对联，幽默有趣："与马牛羊鸡犬豕交朋友，对稻粱菽麦黍稷下功夫。"

书画。画牛的很多，古代的吴道子，现代的吴作人、李可染都是画牛的名人。有张经典的《五牛图》，又称《五牛奔福》：中间一牛正前走，左二牛，一牛侧身前视，一牛回头侧望；右二牛，一牛昂首而视，一牛低头啃草。有清乾隆题词。此画就是唐画家韩滉所作的。他擅长农家风俗画，还作有《集社斗牛图》。另还有南宋画家李唐的《牧牛图》，徐悲鸿的《牧童和牛》。牛画多用板画，为春耕画面，或牧童骑牛背而牛啃青草，或农夫背犁牵牛走田埂，或农夫扶犁而牛拉犁耕田，都十分形象。

牛年邮票。2009年的邮票由陈绍华设计：一头前奔的牛，呈金红白黑四色，角似水牛，额心有螺旋状花纹，黑圆眼衬白，半披上眼皮，椭圆鼻唇，鼻孔似椭圆逗号，一条弧线分出嘴，两耳横撑，耳孔左金右红，额顶鼻周外里内白，四肢黑色，四蹄似笔锋，驱体似地球仪上的经纬金线。有人依2016年的猴年邮票，猜想2021年首枚牛年邮票应是象征辛勤的耕牛或象征奋进的奔牛，第二枚则表现为蓝天白云下，牛在悠然地吃草。

歌中也有"牛"。台湾有民歌，叫《牛犁歌》，其中歌词："头戴竹笠遮日头，手牵犁兄行到水田头，犁兄日曝汗愈流，大家协力来打拼。"

地名、商品名亦有"牛"字。山东临淄南的牛山，内蒙古呼和浩特地区名牛川，辽宁海城西的牛庄镇，河南的伏牛山，湖北荆江畔的牛轭湖，云南东北金江支流的牛栏江（车洪江），南京西南的牛首山，安徽马鞍山的牛渚山，浙江临海、武义等地的牛头山，仙居有牛脚（原名水牛脚迹）、牛龙、牛坪、牛塘、牛栏头、牛栏坪、牛角尖、牛郎背、牛湖坑、牛路里和石牛等。还有北京颐和园昆明湖东岸有乾隆二十年（1756）为"镇压水患"而铸的铜牛，上有《金牛铭》。开封北门外回龙庙内有巡抚于谦为"镇河妖"而铸的铁牛，高2米，背铸"百炼玄金，熔为真液，变幻灵犀，雄威赫奕……"的铭文。安徽潜山山谷寺西有形似壮牛的大"石牛"，牛旁岩壁有古人题刻280多处。庐山牯岭镇街心有雄伟的巨型石雕牯牛。江苏洪泽湖大堤上有康熙四十年（1701）为"镇襄除洪灾"铸的铁牛。湖南茶陵米江河畔有宋代县令刘子迈因江水荡决城南而铸的坐卧状的铁牛，重数千斤。新疆乌鲁木齐博物馆有重30吨的"天外来客""世界第三大陨石"的银牛。台湾嘉义县水虞厝水牛庙中有水牛塑像。人们为纪念当年郑成功赴台带去八头水牛助耕使农业兴旺，在水牛死后建庙，塑一头水牛，每年献草祭祀。浙江海宁盐官镇钱塘江大堤上原先也铸有铁牛以"镇江潮灾"，今有镇海铁塔。武汉、深圳有标志性铜牛建筑。这些天然或人造的"牛"地名、"牛"景色，有机会不妨走一走、看一看。

医药领域也不离"牛"。牛全身是宝：有性温味甘微苦，主治吐血咯血、五痨七伤、头痛眩晕、气急成块的牛脑；性平味甘，入脾骨经，"消水肿，除湿气，补虚，令人强筋骨"（《本草拾遗》），适用于虚损羸瘦、消渴、脾弱不运、痞积、水肿，腰膝酸痛的牛肉；性平味咸，理务补中，"解毒利肠，煮拌醋治血痢，便血等症"（《本草纲目》）的牛血；性平味甘，养血补肝明目，适于血虚萎黄、虚痨羸瘦、夜盲等症的牛肝；性平味甘，补虚益脾胃，适于病后虚弱、气血不足，消渴风眩等症的牛肚；性大寒味苦，归肝胆肺三经，"除黄、杀虫，治痈肿"（《本草纲目》），适于风热目疾、黄疸便秘消渴，小儿惊风、痈肿痔疮等症的牛胆；性凉味苦，入心肝经，"疗小儿诸痫热、口不开、大人狂癫"（《名医别录》），适于热病神昏、谵语、癫痫发狂、口舌生疮、痈毒等病的牛黄（自牛胆中提取）；性温味微酸，健脾消积，适于脾胃失健、消化不良、积食痞满等症的牛脾；性温味甘，入心脾经，润肺补肾填髓，"主安五脏，平三焦，补中益气，止泻痢消渴，以酒服之"（《名医别录》）的牛髓；性平味咸，补肾壮阳补气血的牛鞭。还有可制肥皂和脂胶酸原料，又可食用的牛脂（俗称牛油）。

植物中含"牛"字的有十几种。性平味酸苦，活血行瘀，通利关节的多年生草本牛膝（别名白牛膝、山牛膝等）；可提取芳香油，也作香薷（rú）入药的多年生草本牛至（滇香薷）；

性寒味苦有毒，种子能治水肿、食滞、便秘的一年生缠绕草本牵牛花；性平味辛，种子入药，散风热、宣肺气、消肿毒，主治外感咳嗽、风疹、咽喉肿痛、疮疖肿毒的二年生草本牛蒡（牛蒡子或大力子）；全草入药能祛风活血、抗结核、止痒的多年生缠绕草本牛皮冻（鸡矢藤）；性平味辛，全草药用能舒筋活络、解肌利湿的常绿小灌木紫金牛；性凉味甘淡微苦，清热解暑、化湿消滞的黄牛茶（黄牛木）；性凉味微甘，可作饲料，全草药用能清热解毒，补肾截疟、防炎症的一年生草本牛筋草（蟋蟀草）；性温味微辛，散风除烦、祛疾定咳、活血消肿的多年生草本牛毛毡（牛毛草）；性凉味甘，清热解暑、祛风除湿的藤状灌木牛白藤（土加藤）；性微温味甘苦，化湿利水、祛风止痛的攀援藤牛皮消；性平味甘，舒筋活络、补虚润肺的攀援灌木牛大力（美丽崖头藤）；性凉味苦涩，清热解毒、活血散瘀，根叶药用的灌木牛耳枫（老虎耳）；性凉味淡，清肝退热、安神镇静的一年生草本夜香牛（夜牵牛）；性喜温，暖湿润，又可食用的菌类牛肝菌；果可吃，可酿酒与药用的牛奶子（羊奶子）；地下部分作独活用的多年生草本牛尾独活。

吃牛肉治病。水牛肉降血糖，黄牛肉补气。牛肉配番茄，为补血养颜的极佳菜品，牛肉配鹿肉补肾。单吃牛肉配熟地、枸杞、桑葚可改善肾虚引起的脱发，配黄芪补气，配山药强骨骼，配虫草提高免疫力。牛筋配杜仲一起炖，可改善手脚麻木、腰腿酸痛。

牛"吃得青干草，冬寒夏虫咬。拉犁奉奶浆，死尚献余宝"（蒋达海，《牛》）。让我们在学习、工作、生活中，不偷懒，讲勤俭，常阅读，多思考，在牛年中，拿出牛劲马力，脚踏实地，抓住今天，赢得明天，实现梦想。再请读者朋友，在下边这个"牛"表中，填满成语吧。

			牛	牛			
		牛			牛		
	牛					牛	
牛							牛
牛							牛
	牛					牛	
		牛			牛		
			牛	牛			

（要用好成语，不重复）

黄牛耕碧野，白首乐红楼。

牛年众叙欣大治，虎跃龙腾奋新程。

虎年说"虎"趣

牛辞胜岁，虎跃新程。寅虎逢生至，丑牛奏凯归。虎年到了，就说"虎"趣。

《说文解字·虎部》："虎，山兽之君。虎足像人足。象形。"甲骨文"虎"字，像一只侧面向左的老虎形状（ 𧆦 ），头朝上，口大张，身上有美丽斑纹，尾、足俱全，本义老虎。金文简省不少笔画，仍是虎形。小篆"虎"字，趋向匀称美观，失去虎形，反映了文字由图形符号发展而来的轨迹。今"虎"字从"虍"，即虎皮上的斑纹。《风俗通义·祀典》载："虎者阳物，百兽之长，能折搏挫锐，噬侬鬼魅。"虎是威风凛凛，勇猛无比，备受人们喜欢的动物。

属相配地支，虎配"寅"字，故曰"寅虎"。甲骨文"寅"字为矢之形，本义为箭。"寅"字从"宀"，从"一"，从"由"，从"八"。"宀"为房屋，寓覆盖意，"一"为地平线，"由"为原由、因由，"八"为分开、分离。"寅"由这四部分组成，可理解为：事物即将在大地中与旧的状态分离，正面临蠢蠢欲动的萌芽时期，但受地面上的其他因素限制，因而有一定的阻力。草木要冲破大地坚硬的外壳才能萌芽，故而"寅"于五行属木。"寅"用以计时，表示凌晨三至五时，正值拂晓之际。

老虎是一种夜行动物，此时正是其出动觅食之时，故"寅"在十二生肖属虎，与方位相配为东北。（李土生，《十二生肖：生命的密码》）

传说在远古的时候，属相中有狮子，没有老虎。由于狮子极其凶残，名声不好，玉皇大帝想把狮子从属相中除名，可又必须补进一位管山林的动物，他就想到殿前的虎卫士。老虎从前也只是地上的一种不出名的动物。它从猫师傅那里学得抓、扑、咬、剪、冲、跃、拍等十八般武艺后，成为山林中的勇士。凡是同它较量的，非死即伤。从此，老虎威风凛凛，雄霸山林。玉帝听说老虎勇猛无敌，便下旨传老虎上天。它到了天宫后，同玉帝的卫士较量，赢得胜利，此后它便成了天宫卫士。

谁知虎上天之后不久，地上的飞禽走兽见无人镇管，开始胡作非为起来，给人间造成了灾难。这事惊动了土地神，他连忙上报天庭，请玉帝派出骁勇的天神镇住百兽。玉帝便派虎卫士下凡，老虎要求每胜一次，便给记一功。玉帝只求人间安宁，当然满口答应。

虎到了人间，了解到狮子、熊、马是当时最厉害的三种动物，就专门向这三种动物挑战。凭其勇猛和高超的武艺，虎接连击败了它们，其他恶兽闻风而逃，藏进了无人居住的森林荒野。人间欢声动地，感谢老虎为世人立了大功。回到天宫，玉帝因老虎连胜三仗，便在其前额上画上三条横线。后来，人间又受到东海龟怪的骚扰，大地一片汪洋，虾兵蟹将作恶人间。老虎又来到凡间，咬死了龟怪。玉帝一高兴，又给老虎记一功，在额头的三横间又添了一竖。于是，一个醒目的"王"字出现在老虎前额。从此，老虎便为百兽之王，总管百兽。时至今天，虎额上还可见威风凛凛的"王"字。故有人幽默地说：虎把头衔写在脑门上，是为了表示自己有特殊身份。

玉帝最终除掉了狮子的属相头衔，补进了兽王老虎。从此，老虎成为属相，当然也不再是玉帝殿前的卫士，下到凡间，永保下界安宁，而狮子则被贬到遥远的南方去了。

中国是老虎的故乡。据考古历史发现，早在200万年前，被称为"中华祖虎"的现代虎祖先，就生活在这块土地上。(《寅虎雄风》,《中华工商时报》，2009-12-25) 自然界的动物中，虎被中华民族作为神灵崇敬、祭拜。早在几千年前，在河南濮阳西水坡就出现与墓主人合葬的由蚌壳组成的蚌虎、蚌龙。对虎蚌塑形图的发现与理解，使人们对先人高超的智慧和对天象的精确推衍水平既敬畏又惊叹。

"天开子，地壁丑，人生寅，万事有"，我国少数民族历史传说中，有些把老虎作为开天辟地之神，人类繁衍生息之祖。彝族史诗《葛梅》中，认为天地日月、风雨雷电，无不化生于虎，至今彝族人不分性别，称男人、女人为"罗罗"，同时也把虎叫"罗罗"；称公虎为"罗颇"，称母虎为"罗摩"。(《寅虎雄风》,《中华工商时报》，2009-12-25) 云南楚云彝族自治州双柏县，每年3月26、27日举办"虎文化节"。该节日要跳"三星"文化原生态舞蹈，被称作"古傩仪"的"珍存"、中国彝族虎文化节的"活化石"。不论"大锣生""小彩子笙"都是古彝族部落时代传承下来的舞蹈。"虎节"要行接虎、祭虎、跳虎、送虎仪式，模仿虎的生活习性和人类生产、生活一系列动作。舞者全身赤裸或着短裤，草衣赤脚，脸身画各种图案及虎豹纹，棕叶遮羞，持棍禁语，肃穆庄严，锣鼓声中变换舞步。因他们崇拜虎，自诩为虎的民族、虎的后代，认为世界万物都是虎死后化成的：雄虎的头化天头，尾化地尾，皮化地皮，血化江河湖海，左眼化太阳，右眼化月亮，硬毛化森林，软毛化草地，肌肉化沃土，骨头化山梁。虎神乃万物之神，故"虎节"就是接虎祖魂回来和彝人一起过节。

云南普米族崇拜白虎，并以十二生肖纪年纪日，以虎年为吉利年，以虎日为吉利之日，并以虎年生的婴儿为贵。湘西土家族历史上就有"白虎复夷""白虎之后"之说，他们居住的地方，几乎到处都有白虎族祖的神话传说。青海黄州同仁县年都乎乡的土家族，每年农历十一月初五至二十都要举行驱魔逐疫、祈福平安的"跳於菟"，即"跳老虎"。台湾所有的土地公庙都会供奉虎爷神位，把虎爷作为寺庙招财之神。每年庆祝妈祖诞辰的大型活动都是由众人抬着虎爷在前面开路的。（《寅虎雄风》，《中华工商时报》，2009-12-25）

民间常将"虎"用在小儿身上，如北方多有给孩子戴虎头帽、穿虎头鞋、睡虎枕，给虎形玩具（南方挂虎头香袋），以祈镇邪去鬼、保佑平安。陕西有送布老虎的风俗。小孩满月时，舅舅要送一只黄布做的老虎，以祝愿孩子长大后像老虎那样有力，进大门时要将虎尾折断一节扔到门外，则是希望孩子在长大过程中免灾免难。山西各地流行送虎枕育儿的风俗。每逢孩子过生日，当舅舅的要送一只或一对老虎枕头，既当枕头，又当玩具，以示祝福。

古时候，东北虎和华南虎都是较常见的动物。许多字、词语、成语等都跟虎有关，以虎作部件组成的字就有 10 余个：唬、琥、彪（虎斑纹）、虤（hán，白虎）、巘（yán，虎怒貌）、號（号的繁体字）、虓（xiāo，虎怒吼）、虣（bào，同"暴"）、虩（xì，恐惧）、虢(guó，古国名) 等。还有好几个用虎字头（虍）做部首的字，如虐、虞、虏、虚、虑等。

词语。"虎"字多用于形容人勇猛、威武无畏，如虎步、虎胆、虎劲、虎将、虎贲、虎威、虎气、虎彪彪、虎生生、虎实。表示危险之地的则有虎口、虎穴、骑虎背、虎头铡等。另有虎符、虎榜（龙虎榜）、母老虎、拦路虎、虎头牌。《信陵君窃符救赵》中的"符"指的就是虎符。它是古代调兵用的凭证，是用铜铸成的虎形兵符。虎背铸有文字，分左右两半，右边存于朝廷，左边给统兵将帅，将帅调动军队时须持符验证。《信陵君窃符救赵》中魏王迟疑不愿救赵国，所以信陵君才去魏王那里偷符。有一个关于"虎头铡"的故事——《一副对联遭惨杀》。传说包拯巡按寿州，曾带王朝、马汉等五人私访瓦埠湖边，被县官抓去给庞国舅拉纤。一天，船队靠岸，庞氏父子领着爪牙上岸了。包拯上船察看，发现第五条船上坐着一妇女，泪痕满面，十分伤心。包问："大姐，你是庞家何人？有何伤心事？"那妇人环顾无人，才说："妾乃李秀才之妻。我夫新近中举，回家祭祖，庞子瞧见，抢我上船。我夫就写了副对联，云：'曰忠、曰孝，口口声声敬皇上；又抢、又夺，桩桩件件害黎民。'告到知县，知县不但不理，反把我夫交给庞家，庞杀了我夫，剁成肉泥，每天撒到湖里喂鱼，惨啊！"包拯不动声色道："大姐，听说开封府包拯铁面无私，你给我凭证，我替你告状去！"少妇掏纸包好筐中肉泥，再用罗帕一包扔给包拯。包拯将之交给马汉，叫人捎回寿州，并宣布巡按大人到。船到寿州，知县慌了，连滚带爬下船跪着，连称"死罪，死罪，有失远迎！"，不敢抬头。庞国舅正张望寻找，忽然，包拯从身后挽他说："庞国舅，想不到我老包给你拉了三天纤吧！"庞国舅训斥爪牙后，包拯说："国舅这趟为皇上采办银耳辛苦了！"然后吟出李秀才的对联，国舅装作不懂，包拯问少妇是谁，庞说是丫环，包拯命王朝当场解开罗帕包，国舅只好跪地求饶。包拯升堂审判，虎头铡下，国舅头落地，知县斩首示众三天。寿州百姓无不拍手称快。（易群，《一副对联遭惨杀》）

　　跟虎有关的成语有约 60 个，龙虎搭配的最多，如藏龙卧虎、龙潭虎穴、虎窟龙潭、虎踞龙盘、伏虎降龙、云龙风虎、虎啸龙吟、龙争虎斗、龙行虎步、龙腾虎跃、龙骧虎步、龙骧虎视、龙睁虎眼、养虎遗患、放虎归山、纵虎入室、纵虎归山、放虎自卫、开柙出虎、虎头捉虱、鹰扬虎视、虎颈燕颌、虎背熊腰、虎啸风生、虎狼之威、虎口逃生、虎口余生、虎尾春冰、虎视眈眈、握蛇骑虎、骑虎难下、豺狼虎豹、虎入羊群、虎狼之国、鲁鱼帝虎、焉乌虎帝、虎瘦雄心在、大人（贤）虎变、虎威狐借、虎头蛇尾、暴虎冯河、狼吞虎咽、谈虎色变、驱羊攻虎、羊质虎皮、畏敌如虎、苛政猛于虎、寅吃卯粮、为虎作伥、与虎谋皮、如虎添翼、三人成虎、投畀豺虎、前怕狼后怕虎、初生牛犊不怕虎、虎毒不食子（虎不食儿）、坐山观虎斗、两虎相争（斗）。现在，请读者朋友，从上述成语中挑选正面含义的 16 条成语填在表中。

			虎	虎			
		虎			虎		
	虎					虎	
虎							虎
	虎					虎	
虎							虎
虎							虎
	虎					虎	

俗语、谚语有：虎狼知父子，虎头不搔痒；虎口里夺粮；虎嘴上拔毛；虎豹不外其爪；虎病山前被犬欺；虎啸谷风至，龙兴景云起；虎瘦雄心在，人穷志不穷；虎豹不堪骑，人心隔肚皮；虎落平原，插翅难逃；虎落深坑，龙遭浅水；虎子一只，猪崽一窝；虎有十八跳，狐有十九窟；虎有伤人意，人无害虎心；虎父无犬子，强将无弱兵；虎逼跳墙，人逼悬梁。

歇后语有：虎伴羊睡——靠不住，虎口拔牙——胆子不小，虎口里探头——玩儿命去，虎入中堂——家破人亡，虎生猪猡——又笨又恶，虎坐莲台——冒充善人，虎嘴里讨肉——没指望，虎死不倒尸——雄心在，虎头铡下服刑——一刀两断，虎吞石狮子——吃得难，虎窝里跑出个羊崽——虎口余生，虎皮包住兔子胆——外凶里怯，虎撵绵羊——没挡，虎皮蚧中龇牙——充猛虎。

虎又生出了许多人名、地名。自古以来，人们取名字，很喜欢与虎相构，如商代国君崇侯虎，辅佐周宣王的召（shào）伯虎，隋朝大将韩擒虎，南宋降元将领范文虎，明朝文学家画家唐寅字伯虎，清末科学家徐建寅字仲虎。还有意义为"虎"的"寅"字，如人口学家马寅初、著名教授陈寅恪、乒乓名将徐寅生等。

与虎有关的地名有很多，有名气的，如林则徐销毁鸦片和关天培殉国的广东珠江口的"虎门"。金沙江虎跳峡垂直落差有3000多米，分上、中、下三虎跳，江流最窄处仅30多米，相传猛虎借助江心的"虎跳石"即可跃过峡谷。江苏苏州的"吴中第一名胜"虎丘，上有"东方比萨斜塔"之称的虎丘塔。古代"三英战吕布"、周穆公豢养猎获老虎之地为"虎牢关"。辽东明长城起点曾名"虎耳山"，清朝名"虎山"，故有"虎山长城"之称。《林海雪原》中杨子荣打虎上山，与大部队接应智剿匪穴的地方叫"威虎山"。各地不出名的"虎"地也有很多，如浙江仙居下各的"虎坦"，溪港与湫山两乡交界处的"老虎头岩"等。

虎在文学艺术中的应用也很广泛。早在《诗经》中就有"王命召虎""虎拜稽首，对扬王休""不敢暴虎，不敢冯河。人知其一，莫知其他。战战兢兢，如临深渊，如履薄冰""彼谮人者，谁适与谋？取彼谮（zèn）人，投畀（bì）豺虎；豺虎不食，投畀有北；有北不受，投畀有昊"。南宋陈亮《三部乐》有"人中龙虎，本为明时而出"，《贺新郎（寄辛幼安，和见怀韵）》末尾有"龙共虎，应声裂"。（辛弃疾曾作："长夜笛，莫吹裂。"陈曾自喻"人中之龙，文中之虎"，故此句意为龙吟虎啸，天地为之震裂）董必武《题双清楼主画虎二首》："虎质不会变，虎形若可驯。当其眈眈视，所欲在噬人。""山君馋不耐苹葭，觅食张牙远望奢。可有和平共处意？若谋皮与彼咨嗟！"《梅园新村题诗》："龙盘虎踞石头城，统战曾为前哨营。"

对联。春联如："牛奋千程荣盛世，虎跃五福贺新春。""牛肥马壮家家富，虎跃龙腾处处春。""金牛辞岁千仓满，五虎迎春百业兴。"即兴对联故事有：明代少年戴用宾独闯乡试主考官邸，主考出一上联："虎皮褥盖学士椅。"戴随即对曰："兔毫笔写状元坊。"主考暗称奇。翰林学士解缙，一日邀朋友下棋，友指着墙上挂着的四扇屏吟："龙不吟，虎不啸，鱼不跃，蟾不跳，笑杀满头刘海。"解缙指桌上象棋曰："车无轮，马无鞍，象无牙，炮无烟，闷死寨内将军。"清状元彭俊偕友到京城附近的水月寺游玩，寺内老僧曰："水月地，鱼游兔走。"请彭对下联，彭苦思不得。时过三载，经山海关时，不禁灵感顿发："山海关，虎啸龙吟。"清朝时贵阳来了一位巡抚大人，一天登上甲秀楼观景，脱口曰："树影横江，鱼游枝头鸟宿浪。"贵阳才子周起渭曰："山色倒海，龙吟岩畔虎啸滩。"楼上众人叫绝。（戴辑，《虎年说虎：虎年赏虎联》，《羊城晚报》，2010-02-04）

文艺作品。如著名的长篇小说《水浒传》的第二十三回"横海郡柴进留宾 景阳冈武松打虎"，云生从龙，风生从虎，"那一阵风过处，只听得乱树背后扑地一声响，跳出一只吊睛白额大虫来"，将武松与大虫之间你死我活的搏斗的全过程描写得细腻，惊心动魄。京剧等戏剧就有取材于此的《武松打虎》的戏。李直夫作元杂剧剧本《虎头牌》，写金国一个嗜酒的军官银住马，因嗜酒而误失军机。身为"统军元帅"的侄儿山寿马，拒绝婶、妻和众属官的求情，坚持军法，责打了违犯军纪的叔父。事后又同妻子牵羊担酒，去与叔父"暖痛"谢罪。作品具有浓厚的民族色彩，展现了女真族的风俗习惯。另有郭沫若取材于战国时期信陵君窃符救赵故事的五幕话剧《虎符》。该剧围绕邯郸城被围事件，信陵君坚决主张引兵救赵，而昏庸残暴的魏安厘王则妥协投降，两者展开尖锐斗争，最后如姬夫人偷出魏安厘王身边的虎符，获得了联合抗秦的胜利。该剧歌颂了礼贤下士、忧国忧民、深明大义、光明磊落的信陵君，也歌颂了有胆有识、威武不屈的如姬夫人，借古喻今，表达了反侵略、反分裂、反投降、反独裁统治的斗争意志，歌颂仁人志士为争取人民自由和尊严而英勇牺牲的精神。清朝丘国作的传奇剧本《虎囊弹》，取材自《水浒传》中鲁智深救金翠莲的故事。写金翠莲为救丈夫赵员外，甘被吊在高竿，受一百虎囊弹毒刑，去府衙告状伸冤的情节。还有写侦察英雄的电影《英雄虎胆》、写剿匪斗争的《虎穴追踪》。相声演员姜昆和唐杰忠说的相声《虎口余生》，讲述有人落入动物园的虎穴，其他人趁虎在睡觉，展开施救的动人场面，极为动人，很是精彩。

与虎有关的书画也多。汉代居延的木版画《白虎图》是我国最早的木版画。江苏无锡画家顾恺之（346—407），因小名虎头，平生三绝（痴绝、才绝、画绝）亦被称作"虎头三绝"。

他与陆探微、张僧繇并号"六朝三杰"。传说宋朝有个画家，他画好一只虎头就有人请他画马，于是他就在虎头后画了马身子。别人问他画的是马还是虎，他说："马马虎虎，是马虎。"随后两个儿子有所疑问，他答大儿是虎，小儿是马。不久，大儿打猎射杀别人的马，得赔偿，小儿野外以虎为马，骑而丧命，终让他痛心疾首，烧了画，赋自诫诗："马虎图，马虎图，似马又似虎。大儿以图射死马，二儿以图喂了虎。草堂焚烧马虎图，奉劝诸君莫学吾。""马虎"一词其义从此为众所知。

"虎"字除篆书和草书外，其隶、楷、行、魏诸体，形体基本相同，其草书之虎字，几乎一笔而成，最多两画，都是长体形的，首画从平斜横而左下又变上后一连三个右弯左曲，最后一竖特长，为整字的两倍之上。有一幅奇虎字，题《虎震山川》，是张克思所书。张虎嘴，一眼一耳明、一耳暗隐，虎颈多毛斑，虎身三连弯曲，虎背一粗笔渐弯而下再翘挺，虎舌下一笔穿过虎身延曲一条长尾巴，现十个黑白相间的环。尤其这虎头，真乃工巧啊！这让笔者想起某小报上曾刊登过的"和"字，此字新奇在首笔的短撇上，撇顶似立着一只和平鸽子。真不知这些书法家是怎样写成的，叫人赞不绝口。

"京腔初试意深长，尽兴春江未敢忘。曾向雪源探虎穴，又移芦荡到钱塘"这首诗写的就是《智取威虎山》和《沙家浜》（原名《芦荡火种》）两个京剧到各地演出的场景。《智取威虎山》有虎戏，北京李万春和"江南活武松"盖叫天演的京剧《武松打虎》，摸爬翻打、动作敏捷、身手不凡，充分体现了老虎的"一扑、一掀、一剪"三招和武松的"闪、躲、闪"

的逼真动作。在虎戏衬托下，武松形象更加英武勇猛、顶天立地。京剧《虎哺儿》说的是一只老虎哺育了一个婴儿的故事，故事中老虎也有人情味，神话色彩浓，令人深思。金华婺剧《义虎案》，人格化的老虎受伤躺在卧虎岭上，老中医龙大福出诊路过此岭，在其身上绊了一跤，吓坏了。此时虎醒了，衔来药箱，伸出受伤的爪请他治疗，他为虎拔了爪上的刺，虎又咬住他的衣襟，还衔来一罐珠宝倒进药箱。这场戏中，老虎以哑剧形式配合人唱、念、做、舞，表现了"动物也知恩图报"的主题。后龙医生治好了孟知县老婆严素花的"对口疮"，然而知县夫妻见钱眼开，要霸占药箱中的珠宝，诬龙医生是抢劫犯，恩将仇报，禽兽不如。剧中有句"莫道虎吏无虎形，他比真虎狠十分"，入木三分。取材自《聊斋》的川剧《一只鞋》，也有虎登台。当虎的救命恩人被奸臣陷害时，老虎前往公堂做证，虎虎生风，满堂锣戏。地方戏中人物以"虎"作名的，多是凶恶的反面人物，如《王老虎抢亲》中的王老虎，沪剧《阿必大》中的"雌老虎"恶婆婆残虐童养媳，黄梅戏《母老虎上轿》中的"母老虎"凶悍。这些人物多借鉴老虎形象，比较夸张，舞台氛围活跃，衬托正面人物，受观众欢迎。

虎有"虎"药。植物有：块茎药用的多年生草本虎掌，别名异叶天南星。多年生蓼科草本虎杖，性微温味苦，根状茎入药，清热解毒、活血通经、利湿。直立小灌木虎刺，别名伏牛花、绣花针，性平味甘苦，根或全草药用，可清热解毒、活血散瘀、祛风止痛。多年生草本虎耳草，别名金丝荷叶，性寒味辛微苦、有小毒，全草药用，可清热解毒、祛湿消肿、凉血止血。多年生常绿草本蕨类虎尾蕨，别名止血丹、石蜈蚣、岩春草，性凉味淡，全草药用，能清热解毒，平肝镇惊。矮小亚灌木虎舌红，别名乳毛紫金牛、山猪油、红毛针，性凉味甘而辛涩，全草药用，可清热利湿、凉血止血。木质灌木黑老虎，因茎皮褐黑色而名，别名臭万团、钻地风、透地连珠，性温散瘀、祛风消肿。还有供观赏的多年生常绿草本虎尾兰。

虎本身入药，常有虎骨酿出的"虎骨药酒"；用虎骨制成的性温味辛，能滋养降火、强壮筋骨的中成药"虎潜丸"。虎鞭多用来酿酒或煎制壮阳补肾之物。老虎舌头很奇特：舌面上生有许多坚硬的肉刺，如钢针般密布，用舌舔骨头，能将骨上的残肉刮得干干净净。老虎尾巴硬而挺，是使很多动物丧命的"三大武器"之一。

牛肥马壮生态好；虎跃龙腾改革强。

虎岁当有虎威虎劲虎力，做事务必有始有终有功。

兔年说"兔"趣

山君进山去，玉兔出月来。兔年到来，说说"兔"趣。

"兔"字，甲骨文是一个侧视的兔子图形（𗎫）：头上昂，耳朵下垂，前后腿俱全，下部是它向右弯曲的短小尾巴。简洁明快，从甲骨文到金文流变过程清晰可见。今体"兔"字，从"免"，"、"表示短尾巴。短尾巴，正是兔子跑得快的优势之所在。而兔子的短尾巴却留给人类有三点启示：一是表明涉世未深，人类在青年时期，有许多事不知如何处理，尚需进一步学习和积累经验；二是短尾巴代表人类生命短暂，更应抓紧时间学习，有所作为；三是兔子短尾优势，喻示着青年时期要懂得取舍，只有"舍"才有"得"，懂得"减负"才能在成功路上健步行进。（李土生，《十二生肖：生命的密码》）

兔子是以草为食的弱小的哺乳动物，兔子耳朵很长，无颈，嘴裂三瓣，眼睛色殊，尾巴很短，十分灵敏。究其因：长耳朵，一利于听到很微弱的声音，并确定声来何方，二利于散热。三瓣嘴，啃草根、草尖时门齿翻出，啃低矮之草不会受嘴唇阻碍，大大提高进食效率。兔眼颜色与其体内色素有关，眼睛颜色与皮毛同色，有红、蓝、茶、黑、灰等色，所谓红眼兔，也只白毛兔所有。白毛兔的眼珠实际上无色又透明，这

"红"是眼球中毛细血管中的血液颜色，有的兔子甚至两眼也不同色呢。

兔排在生肖属相的第四位。兔子当属相还有个"兔牛赛跑"的传说呢。相传兔子和黄牛是邻居，它们俩相处得很好，互称兄弟。有一天，善于长跑的兔子在黄牛面前炫耀道："我是动物世界中的长跑冠军，谁也跑不过我！"黄牛虚心向兔子求教长跑绝招，兔子却骄傲摇头曰："长跑冠军得靠先天素质，学是学不会的，并且，长跑得靠身轻体便。你牛兄这么粗壮的身子，恐怕是永远跑不快的。"黄牛的心被兔子说得凉了半截，但心里总归不服气，从此也开始练起长跑。凭着一股坚韧不拔的牛劲，黄牛终于练出了一双"铁脚"，尾巴一翘，四蹄如风，数个昼夜持续练着，也不知疲倦。

到了玉皇大帝排属相的日子，依照规则，谁先到就让谁当属相。黄牛与兔子约定：听到头遍鸡鸣就起来，直奔天宫争属相。鸡叫头遍，黄牛起来时，兔子早就独身跑了。兔子跑一阵子一回头，看不见任何动物的影子，心想：我今天起得最早，跑得又最快，就是睡上一觉起来，这属相的头名也非我莫属。于是，它就在草地上呼呼大睡起来。黄牛虽然落后了，但它凭坚韧的毅力和平日练就的铁脚，一鼓作气，持续前进，当兔子还在酣睡时，它已先跑到了天宫。一阵急促的脚步声惊醒了兔子，睁眼一看，原来是老虎一阵风似的跑过去了。这下兔子急了，立即撒腿急追，可惜还是慢了一步，落在老虎之后。由于投机取巧的老鼠蹲躲在黄牛角上得了第一，兔子只排在第四。

兔子虽然当上属相，却因输给了自己讥讽过的老黄牛，觉得脸上无光，回来之后就把家搬进了土洞中。现在的野兔也还是住在土洞中。

地支配兔的字是"卯"。"卯"字的甲骨文左右两半对应，故"卯"的本义是门开着。"卯"的篆字形像刚出土的幼芽。《卯兔篇》说"'卯'是对自然万物生命运行某一状态的表述"，才用作地支的一位。《说文·卯部》："卯，冒也。二月，万物冒地而出。像开门之形。故二月为天门。"《说文解字》认为，卯之时，阳气从地中冒出。卯代表二月，这时万物顶破土地而生长出来。卯像两扇门打开之形，有开门之意，所以二月又叫作天门。卯也可看作百姓开启门户出去劳作之时，因此卯所代表的时间是早晨五时至七时，而对于人生来说，相当于年富力强的青壮年。（李土生，《十二生肖：生命的密码》）请注意，与卯字相近的有三个字：卬（áng，我）、印、卵。

有人戏说，兔是随嫦娥登上月球的第一批"宇航员"，可惜至今无任何权威机构承认它的功绩。古代传说，月中兔乃兔神。众所周知，日月合为"明"，日为太阳，月为太阴，太阴与太阳相对。月为阴精之宗，其象为水，故每取水族蛤蚌和蟾蜍为月神，喻阴象形和多子。先秦两汉的神话美术作品，常以女娲神将蛤蚌和蟾蜍捧在手中的形象出现，是生殖之神的标志。屈原《天问》向天发出一百七十多问，其中对月的一问是："夜光何德，死则又育？"夜光指月亮，"则"意为"却"，反映了一种不死观念。这种不死观念在汉时焕发新光彩，并在道仙文化中找到了答案——月中有由蟾蜍和玉兔承担制造"不死之药"的职能。玉兔捣药出现在月宫，又出现在西王母身边，可见人们崇慕仙药，希望长生不老。玉兔作为月神，兼有生殖神的功能。的确，兔子生殖力很强，繁殖很快，出生后一两个月断奶，六至八个月就能配种繁殖，每胎少则五六只，多则十几只，一年可生四到六窝，年有小兔二十五至三十只。故崇尚"多子多福"的中国人就推兔神掌管生殖。浙江一带有"走月亮"的风俗，"走月亮"时要"走三桥"，因桥连接两岸，象征婴儿由彼岸到达此岸、越过阴阳界的降生过程。说到桥，有个与兔相关的"堍"字，是指桥两头靠近平地之处，如桥堍、桥堍下等。

《抱朴子》中有"蟾蜍寿与千""白兔寿千岁"的说法。故中秋有祭月风俗，但在京师地区祭月时，祭品除祭果饼外，还要买月光纸来折好"纸神马儿"，辉煌耀目。请回家中后，于月出方位祭拜，祭毕焚之。因"京师谓神像为神儿马，不敢斥言神也"（《燕京岁时记》）。北方风行"兔儿爷"，其前身是有人抟黄土捏成兔形，涂上各种油彩出售。艺人的大胆创造使兔儿爷人格化：兔首人身，手持玉杵。甚至有艺人把兔儿爷雕成戏曲人物，金盔金甲的武士，骑狮象，或骑孔雀、仙鹤，或骑虎，等等。有的"兔儿爷"肘关节、上下颌能活动，则更讨人喜欢。今天我们常见的是白兔，连糖果也取名"大白兔奶糖"。可我国古代常见的兔子是獭兔（力克斯兔，全身密而光亮的毛，皮似水獭皮）、鼠兔（啼兔，肢短、无尾，耳短圆，前肢五指，后肢四趾，爪细弯）之类的灰色、黑色的兔，人们见到白色兔会感到吃惊。白色兔，其状可爱，其性温顺，不开口露牙，无凶险之气，被视为吉祥之物。古书上有"赤兔瑞兽，王者盛德则至""白兔，王者敬耆老则见"。葛洪（道教理论家）都认为"兔寿千岁，五百岁其色白"。

兔子有好几个传说。一是佛本生传说，说佛祖释迦牟尼前世出家修行，化身为老人到野林之中，在林中断炊了。在生命垂危之时，兔子对他说："我愿将自己奉献作你的主餐。"说罢跳入火中，拯救了佛祖生命。为了纪念兔子的舍身精神，从此佛门开始素食斋饭。

二是神山现身。山西浮山是道教圣地，老子在此"五次显圣"，浮山便被推崇为神山。唐高祖李渊最先与老子"联宗"，当浮山西南角九次出现洁白美丽的"玉兔"时，世人认为此为吉兆，李渊下诏在玉兔入穴之地建"玉兔观"祭祀。到武则天时改称为"玉兔寺"。

三是图腾标志。远古部落氏族标志就是图腾，同一图腾内部禁止通婚，因而出现外婚制习俗。原始部落的联姻标志是如蛇盘兔、鹰踏兔、蛤蟆驮兔等纹样。

这些传说，充分反映在民间的兔文化习俗中：正月，点兔灯，以求来年生活红红火火；清明，用柳条串挂面花，象征春天到来；端午，系白兔香袋祛毒保平安；中秋，供奉兔儿爷祛病消灾；婚庆时，新娘胸前用红丝绳系面兔进洞房象征圆圆满满；除夕，窗前贴蛇盘兔窗花保佑家庭年年富裕。

我国民间存在着崇月与崇火观念相融合的现象，体现在节日文化中。古代火种崇拜是与氏族命运联系在一起的，并与祭祀太一天神风俗融合。正月十五祭太一天神，从黄昏到次日天明，灯要一直燃着，此俗从汉武帝时开始。因传薪火不灭寓意子孙不绝，从此逐渐形成灯节习俗。记得童年时，笔者的父亲在除夕时，会将一个大树桩埋在灶前的"火炉堂"中，并加上不少炭火，再覆上灰，让树桩不冒火焰地燃着，这就是"火种"。那时，火柴还未普及，许多家庭烧饭生火或用火刀或用"煤头"（黄硝纸卷起置于有盖竹筒中，先燃着生火，再盖上，用时开盖，以口吹之使竹筒燃起）。元宵灯节有各种各样的灯，其中必有兔灯，家家挂兔灯，娃儿玩兔灯，厨房点兔灯。

为求子孙不绝，民间又有传灯、送灯求子的风俗。陕西洛川，女子出嫁时，多绣制兔围裙系身，以同喜花相映，祈盼早日得子。仙居不少地方会自织花样带子（寸余宽），于婴儿身上抱裙外系缚，带上也有兔子纹饰。北方更普遍的是剪纸。新房贴的窗花、喜花、墙花、面花中有"蛇盘兔""玉兔闹白菜"，因"蛇盘兔必定富"；因玉兔喻子，白菜取"百兽"，谐连隐喻"百子"，故有"望月而孕，自吐其子"之说。据说古代霍州大年初一，未育女子定要吃白面蒸的双吉兔，祈盼早日得子。食兔求子正是民间崇月文化民俗中的一种，也添了些巫术色彩。妇女春节吃面兔，小孩生日送面兔，婚庆做兔喜花。办喜事时，仿做 12 个面兔和 12 条面蛇，放于枕中陪嫁，并用红丝线系面兔、面蛇各一个挂于新娘胸前走进男家，洛川男方则置四个面兔在床四角，妇女要唱《拉束歌》："……新媳妇上了炕，踏了四个儿女多。"

"天冥冥、云蒙蒙，玉兔捣药出月宫，瘟魔入户驱赶走，布衣施药显神通。"月兔在晋鲁地区被称作"兔儿爷""兔奶奶""长耳定光仙"。清朝后被装扮成头戴金盔，身披红战袍，手拿臼和杵，骑着神兽（虎、鹿、白麟）的形象，同月宫玉兔比，"兔儿爷"更像是神兽之王。每到中秋之夜，民宅的中堂之上供奉起"兔儿爷"的泥塑偶像，以保佑家人健康。民间摆供"骑虎泥塑兔儿爷"，表示的是卯兔驭寅虎，寓含卯吃寅粮、生活富足有余之意，力避寅吃卯粮的窘境。

山东一些渔民中，还有以兔为吉祥物的特殊习俗：谷雨的清晨，妻子待丈夫一进屋里，便乘其不备地把一只白兔塞进他的怀里。为什么？原来"打兔子腰别住"是这些地方的古老风俗。妻子让丈夫怀揣象征吉祥、幸福的白兔，是祝福亲人出海平安、捕鱼丰收。

以上对民间关于兔的民俗文化的介绍多取材自李振球所写的《兔在民间》，该文刊登在《百科知识》2011年第1期，详尽描述了兔文化的博大精深。

兔子是食草哺乳动物中最弱小的一种，几乎不对其他任何动物构成威胁，而自身却常面临生死威胁，地上的狼狗，空中的鹰、鹫都以它为食，更别说人了。所以兔子整天都处在防御状态之中。这一生存特点反映在了汉字词组里，如：兔子不吃窝边草（有藏身作用），兔饱不出窝（避免灾难），兔转山坡，转来转去回老窝（有利安全），兔子急了还蹬鹰，兔子不急不咬人，兔子回头凶似虎（临危搏斗）。兔性善跑，不小心就跑掉了，所以"逸"字从"兔"。还有个"冤"字，取弱兔被罩、难以脱身之意，既难逃跑，亦不舒展，只能"屈缩"。《汉书·息夫躬传》有"冤颈折翼，庸得住兮"。故"屈缩"又引申出"屈枉"来。兔子很少发声，但在感到不舒服时，也会发出"咕咕""嘶嘶"之声，以示警告。

成语中也有许多与"兔"相关。喻藏身地方多的"狡兔三窟"，喻行动迅速的"兔起凫举""脱兔往疾""兔起鹘落"，喻动作敏捷的"惊猴脱兔""动如脱兔"，喻以弱胜强的"兔子蹬鹰""狮子搏兔"，喻时光速过的"兔走乌飞"，喻及时补救的"月兔顾犬"，喻月出日落的"兔起乌沉"，喻无益之争的"犬兔之争"，喻死抱不变的"守株待（伺）兔"，喻不合情理的"兔角牛翼"，喻事物虚无的"龟毛兔角"，喻见有利就行动的"见兔放鹰"，指月亮明净的"玉兔银蟾"，还有喻冤家对头的"参辰卯酉"和喻入不敷出的"寅吃卯粮"。

请在下表填关于兔的成语：

		兔			兔		
	兔					兔	
兔							兔
兔							兔
		兔			兔		
		兔			兔		
兔							兔
		兔			兔		

关于兔的歇后语有：兔儿头，老鼠尾——不伦不类；拾柴打兔子——一举两得；老虎皮，兔子胆——色厉内荏；兔子抱西瓜——无能为力；羊群里跑个兔——数它精小；兔子坐上虎皮椅——六神无主；猴子笑兔子尾巴短——彼此彼此；兔子尾巴——长不了；兔子眼睛——红人（仁）；兔子耳朵——灵得很；兔子戴夹坂——充大耳朵驴；敲锣撵兔子——起哄；兔子

靠腿儿狼靠牙——各有各的谋生法；打兔碰见了黄牛——捞了个大外快；兔子生耗子——一窝不如一窝；丢了黄牛撵兔子——不知哪大哪小；活剥兔子——扯皮；兔儿爷打架——撒摊子；鹰饱不抓兔，兔饱不出窝——赖对赖；兔子吃白菜——瞻前顾后；兔子的腿——跑得快。

文艺领域中也有兔的席位。唐代，乡校俚儒教田夫牧子诵读用的《兔园册》，即《兔园策府》；俄罗斯小说家列斯科夫揭露农奴制罪行的小说《兔窟》。元明四大南戏中的《白兔记》，全名《刘知远白兔记》，写贫穷的刘知远"交泰发迹"，妻子李三娘在家受毛嫂虐待，受尽折磨，生下儿子托人送交刘知远处抚养。这个儿子也是剧中的咬脐郎。咬脐郎离娘十六载，一天他外出打猎，射中一白兔，白兔拖箭逃奔，咬脐郎急步追赶，才得见母亲，终于家人团圆。在兔戏中，往往舞台上面无真兔，全在演员的功技之上。如咬脐郎追兔场上，演员踏着锣鼓点子，一阵急急风，活像兔子在前般，满台生辉，好看着呢。沪剧现代小戏《双送兔》，讲养兔状元李根富为帮贫困户郑阿婆致富，特挑对良种兔装篮打算送给她，妻子李秀娥见之反对，经李根富开导相通后，夫妻争着送兔，不慎竹篮跌地，两人便满台追兔，几个圆场后，竟追到台后。不一会儿，两人各抱一只可爱的大白兔喜气洋洋上场，剧情推向高潮，也逗乐了观众。舞台剧中更多的是演员戴兔帽、穿兔衣上场，如《嫦娥奔月》。月宫中的玉兔，一会儿偎依在嫦娥膝下，一会儿蹦蹦跳跳，既有人情味，又不失兔儿机警伶俐的个性。

诗歌。早在《诗经》中就有许多"兔诗"。如《兔罝》《兔爰》《巧言》《瓠叶》等，有赞武士公侯捍卫内外的"肃肃兔罝，椓之丁丁。赳赳武夫，公侯干城"；斥责桓王失信，诸侯背叛，构怨连祸的"有兔爰爰，雉离于罗。我生之初，尚无为；我生之后，逢此百罹"；憎恶对巧言乱鼓的"他人有心，予忖度之。跃跃毚兔，遇犬获之"。《古诗十五从军征》："兔从狗窦入，雉从梁上飞。"曹植的《名都篇》："斗鸡东郊道，走马长楸间，驰骋未能半，双兔过我前。"南朝梁江淹的《古别离》中，以"兔丝及水萍，所寄终不移"两句来比喻感情的忠贞。唐代诗人王建的《宫词》中有："新秋白兔大于拳，红耳霜毛趁草眠。天子不教人射杀，玉鞭遮到马蹄前。"诗中写以捕杀生灵为乐的帝王也因小白兔的睡态而顿生怜悯之心。唐代诗人苏拯的《狡兔行》："秋来无骨肥，鹰犬遍原野。草中三穴无处藏，何况平田无穴者。"这首诗描绘了一幅秋日猎兔图，流露出诗人对生灵涂炭的愤慨和对受压迫者的同情。宋代欧阳修的《白兔》，是首托物言志诗："天资洁白已为累，物性拘挛书无益。上林荣落几时休，回首峰峦断消息。"明代诗人谢承举的《白兔》诗则写白兔神游月宫，别具浪漫情怀。"夜月丝千缕，秋风雪一团。神游苍玉阙，身在烂银盘。露下仙芝湿，香生月桂寒。姮娥如可问，欲乞万年丹。"何其生动传神。

嵌"兔"对联。"兔走乌飞，地下相逢评月旦；雁去燕来，途中偶遇说春秋。"这是一副长江沿岸很有名的时令对联。而将古代故事与有来历词语运用联中，也别有情致，山西介休韩信祠内有副对联："西望关中，百战十年空鸟兔；北临绵上，千秋一倒感龙蛇。"韩信是汉初名将，有"成也萧何，败也萧何"之说。他因不被重用，愤然出走，引出"萧何月下追韩信"，最终又是萧何与吕后定计，将他诱骗入长乐宫处决。对联既写韩信当年赫赫战功，对他极为推崇，又叹其遭之不幸。岭南流传着云南才子李固陪的兔联是："赤耳银牙白玉兔，望明月，卧青草池中；乌须铁爪紫金龙，贺祥云，出碧波洞口。"其他还有"宋人方守株待兔，大道以多歧亡羊""雪消狮子瘦，月满兔儿肥"。

"兔"画。宋画家李公麟的《兔胄图》、历年的年画、版画、兔年兔邮票和剪纸，都有彩绘的玉兔。在古墓出土的文物中，就有一件绢画与兔相关，是 1974 年发现的辽代砖室墓中的《竹雀双兔图》，保存完好，颜色如新。蕴含兔文化的文物还有不少，如商代古墓出土的三件玉兔：一件呈奔跑状，两件呈拱身觅食状，都十分精美。宋代济南一刘家针铺，以白兔为商品标记。这块印制白兔标记的铜板陈列在中国历史博物馆中，是我国目前发现最早的商标。

有的小女孩于兔年出生，乳名小兔，甚至学名仍为小兔，许是因兔子温柔、善良、乐观，感情细腻，精明灵活，气质高雅，并能忍耐谦让，不好争执。不过兔子易急躁，有虚荣心，易满足于现状，这些毛病是不宜任其滋生的。兔子文雅、洁净，平时常用爪子打扮自己。兔毛的颜色多种多样，或雪白，或银灰，或金黄，或漆黑。走进兔园，一只只活泼的兔儿蹦到脚边，后脚蹲地，立起身子，错动三瓣嘴，稚态怎不招人喜爱呢？曹植《乐府》："墨出青松图，笔出狡兔翰。"我国传统的书画工具是毛笔，兔毛柔软，有光泽，是制毛笔的好材料，毛笔在汉代还是贡品。历代以"兔毫"作毛笔的代称。

　　兔子虽小，全身皆宝，除皮毛外，其药用价值高，《本草纲目》曰兔肉补中益气，热气湿痹，止渴健脾；兔血凉血活血，解胎中热毒，催生易产；兔肝明目补劳，治头旋目眩。《罗氏会约医镜》中，望月砂（兔屎）明目，去痘后翳障；兔脑髓性温而滑润，催生利胎之圣药也；兔骨头治头眩痛。野兔的效用比家兔更好。另外，植物中以"兔"字命名的药，有三味：一是多年生草本兔儿伞，别名雨伞草、铁阳伞、破阳伞，性微温、味辛，有点小毒，能舒筋活血、消肿解毒。因叶圆形有长柄。全草或根药用。二是一年生草本菟丝子，寄生于豆、菊、蓼科植物身上，球形蒴果含油与淀粉，是滋养性强壮的收敛药，可治阳痿、遗精、遗尿等症。三是多年生草本杏香兔耳风，又名一枝香、山蝴蝶、猫耳朵、金边兔耳草等，清肺、散结、利湿、解毒，未抽花时仅三五寸高，抽花时茎高一两尺，可治肺病吐血、小儿疳积、口腔炎及无名肿毒、水肿。

　　地名中也有带"兔"字的，不少是美丽的风景地。杭州西溪路口一大树下，有口兔儿泉。泉水有两个井口，一口半圆形，一口方形，井底不断冒珍珠状气泡。泉在秦亭山堍下，故名为"堍泉"。余姚梁弄四明湖湖心的玉兔岛，面积约为1.8万平方米，岛形如玉兔。圆月之夜，于湖边远眺，似玉兔拜月。在福建闽侯、永泰、福清交界上的兔耳山，景区内有三兔洞、老妪赶兔、双龙抢珠、和尚恋情、天狼窥美、八仙迎客、黄猴出洞、飞仙寨、水帘洞等许多景点，极显洞寨奇险。四川稻城兔儿山，海拔约4696米，远观就像兔子耳朵屹立在风中，山势十分奇特，长在寸草不生的山峰之上。天气好时，坐车沿途远观，仿佛是小兔受了惊吓于恐慌中注视着你。河北秦皇岛兔耳山（在抚宁西）海拔约571米，因其最高峰如兔耳而得名，以"兔耳笼云"闻名。康熙年间《抚宁县志》记载："兔耳山在县（城）西七里双峰尖耸，状如兔耳，绝顶有潭，云常罩之，微径而登，可容数万人。"在20世纪60年代，广大农村掀起养兔热潮时，至今留下不少"兔场"地名，仙居就有好几处。

犬鹰一现露险境，狡兔三窟为生存。

龙年说"龙"趣

兔隐青纱帐，龙索白玉堂。龙年到了，就说"龙"趣。

"龙"的繁体写作"龍"。"龙"的甲骨文字形（ ），像戴有玉冠，头、身、尾俱全的龙，本义为古代传说中一种能兴云降雨的神异动物，有须有角，身长鱼鳞，能腾云驾雾，变化多端。小篆"龙"字（ ），右半像"飛"字，亦表明其属飞腾之物。简化字"龙"由草书演化而来，是"尤"字加"丿"。"尤"是古代一种兽类，外形似猴，一跃则百余步，或三百丈，是灵异之兽。"尤"字增"丿"，意为比"尤"更为神异，可上天，能入海，腾云驾雾，见首不见尾。（李土生，《十二生肖：生命的密码》）《尔雅·释龙》指出龙有九似，即龙身体的各个部分分别与九种动物相似，如角像鹿角，头似驼头，脖像蛇脖，眼似龟眼，耳似牛耳，膝部像蜃，鳞似鱼鳞，爪如鹰爪，掌似虎掌。这种复杂结构，寄寓龙是万兽之首，万能之神。而这种虚拟的动物正是中华民族祖先共同供奉的图腾。

那么，这种图腾是怎样形成呢？有两种传说：一是传说5000多年前，伏羲氏所领导的部落是以蟒蛇为图腾的。二是传说禹之子启的传世图像，两耳中各伸出一条张嘴吐舌的蛇，因此夏朝也崇拜蛇图腾。该部落在部落兼并战争中，战胜了崇拜鳄、鹰、鸡、鹿、马、猪、牛、狮、蜈蚣等图腾部落，这样，蛇作为一个大部族的图腾崇拜象征物已显得孤立、狭小，缺乏包容性、涵盖性，需考虑被征服部落的图腾情结。于是以蛇为图腾的伏羲或夏族，就以蛇图腾为本，给蛇装上鳄嘴、鹿角、牛耳、鱼鳞、鹰爪、虎掌、蜈蚣尾巴等，赤条条的蛇变成了鳄嘴虬髯、锦鳞电目、鹿角鹰爪、蜈蚣续尾，舒卷自如、升天入地、吞云吐雾的结构复杂的龙。龙正是蛇的衍化与升华的结果。

从考古角度研究"龙"字，其字形来源与演变如下：甲骨文原型一是今生活在内蒙古、东北草甸上的蟒蛇或今存长江里的扬子鳄，二是殷商青铜器上爬行的龙纹。金文则除青铜墨铭图形字（已趋艺术化）外，就是白描线条化，其右半躯体变得更长，演变为皇权象征。草书之龙，真是傲骨嶙峋，飘逸潇洒；隶书则是雍容华贵，矫若流云。"龙"字还有三"龙"相叠成"品"字形和四"龙"相叠的两个新字呢。

传说舜在位时，南浔国国王献给舜两条从其国内地脉深处挖出的龙，舜称养龙人为"豢龙氏"。舜传位禹时，将二龙移交给禹。传说禹出生时就是一条虬龙，后化为人形。他治水时，有应龙在前面开道，治水成功后，又有两条龙从天而降，以示庆贺。禹巡天下，往往乘着两条龙。故而其子启的传世图像是两耳各伸蛇头吐信舌的怪模样。

《史记》记载：黄帝晚年在荆山下铸鼎，鼎铸好后，从天上飞来一条龙，黄帝爬上龙背，成仙而去。因黄帝与龙的这种特殊关系，中国人与龙有割不断的千丝万缕的关系，这才有了把中华民族称为"龙的传人"的说法。可见，"龙"是内涵丰富的文化符号，是我国古代吉祥的象征，是中华民族的象征，是中国人民精神上的领袖。

龙成为中国人的生肖属相，还有个传说。据说，远古时代的龙是没有角的，那时的龙在地上生活。它凭着自己身强体壮，能飞、善游，想当属相，也想当兽王，取代虎的地位。于是，人间产生了龙虎斗，结果难分难解。玉帝觉得它们斗得太不像话，就下旨让它们上来天宫，给他们评理。临行时，龙想自己虽然高大，却不及虎威风，怕玉帝看不上它，属相、兽王都当不上。此时龙的把兄弟蜈蚣说："公鸡有漂亮的角，不妨借来戴上，定会让大哥添几分威风。"龙听之大喜，便与蜈蚣同来找公鸡借角。而公鸡死活不肯，龙急了，对天发誓："若我不还你角，回陆地即死。"蜈蚣在一旁说："我担保，若龙大哥不还你角，你一口把我吃掉。"于是公鸡同意借角。

龙和虎来到天宫，玉帝见它们都十分威风，就下令龙虎都为兽王，虎为陆地百兽之王，龙为水中水族之王。虎既可当属相，龙也可以，只是要排后些。于是，龙虎皆大欢喜，回到凡间。龙心想，若把角还鸡，水族们见我这么丑能服我吗？故决定不还角给公鸡，一头扎入水中，再不回陆地。这样，公鸡气得满脸通红，并迁怒于蜈蚣，蜈蚣也从此不再活动于地面，而钻进石缝之中。今天我们所见到的公鸡，脸总通红，一见蜈蚣就一口一条地吃掉它，并且总是在喊叫着："龙哥哥，角还我！"在十二属相中，龙是唯一虚构的动物。

配龙的地支字是"辰"。"辰"的甲骨文整体字形像缚蚌于指上，本义为蛤蚌之类的软体动物。古书载，大辰星与前后相邻二星连成弧形，刃部相似，故又以辰作为星宿的名字：辰星，是二十八宿星中的房星。"辰"字有时光、日子的意思。（李土生，《十二生肖：生命的密码》）地支居第五位的辰时，即清晨七时至九时，这是太阳光正在增强之时，据说也是群龙西行作雨的时光，故辰时就属龙。辰为阳支，与五行相配属于土，位于东南，红日冉冉升高之时，与龙腾之义暗合。"辰"是部首字，可构成唇、蜃、辱、晨、宸、振、赈等字。

传说龙生九子。有两种讲法。一种传说龙与其他动物交配生的九子。依次如下：囚牛（与水牛生），学音乐，刻于胡琴头上；睚眦（与麒麟生），练武艺，刻于刀剑柄上；嘲凤（与金鸟所生），学飞檐走壁，刻于殿脊角上；蒲牢（与野猪所生），练嗓门，刻于钟上；霸下（与龟所生），练载负重物，刻于碑座上；狴犴（bì àn），学断案明法，刻于牢狱墙上；赑屃（bì xì，与龟或鳖所生），学赋诗作文，刻于碑文肩上；八夏（叭蝮之误，与蛤蟆所生），学逢河架桥，刻于石桥墩或栏上；椒图（与螺蚌所生），学替人看家护院，刻于大门环上。

另一种传说的"九子"是：长子蒲牢，生性好鸣放、吼叫，被装饰于大钟上；次子螭吻，性好吞，喜高瞻远瞩，装饰在殿堂屋脊上，意在剪除邪恶；三子螭首，爱弄文墨，装饰在石碑顶端，人称"文龙"；四子嘲凤，爱冒险，喜持公道，饰于殿堂翘檐上；五子蚣蝮，好潮水，学架桥，雕刻于石桥墩上，俗称水怪首兽；六子赑屃，力大无穷，似龟非龟，用做碑座，仰其威力；七子狻猊（suān ní），体如雄狮，性喜睡，爱烟火，嵌在香炉上；八子睚眦，奇凶异猛，嗜杀喜斗，嵌刻于剑顶端，示佩剑者勇猛；九子狴犴，性桀骜不驯，喜诉讼官司，监狱门上的大兽头即为狴犴，替人看家护院。

中华民族崇龙、敬龙、念龙就体现在民间的"龙的节日"中。元宵节时，有一项活动是舞龙灯。此俗始自汉，至唐宋普及民间。起初"草缚成龙，用青布遮草上，密置灯烛万盏，望之蜿蜒如双龙之状"（《梦粱录》）。今所见，扎龙骨干，南方用竹子，北方多用木或铁丝，外面用布或丝、纸，并绘上五色。龙身由多节组成，每节称"一挡"，每节长两米，少的九节、十三节，多的百余节。舞龙时每节一人。这种"龙灯"有布龙和板龙，布龙多圆体，板龙两端板上凿一圆孔，用一条横截面直径为三至七厘米的圆木棍，使两节板龙连接。板下装牢一根木棒，以便扶住板龙，每节两盏灯。布龙也称"滚地龙"。一条长龙最吸引人的是龙头，舞龙时龙头一般由四人抬，他们相互配合，十分协调，要顺前头举"龙珠灯"人的行动而变化。仙居最广泛的是"拔长龙"，循村游街，到村上较阔的晒谷场或溪滩地上"盘龙"，村里要摆香案供品，祭拜迎龙，焚香放爆竹。元宵前后夜是最热闹的日子。

二月初二"龙头节"，也称青龙节，俗称"龙抬头"。人们渴望龙能治水，降福人间。龙头节一般在惊蛰之后，植物发芽，小麦返青。乡民们有的自门外蜿蜒撒灰入宅厨，旋绕水缸，呼为"引龙回"；有的炒玉米黄豆，叫"金豆开花"，象征龙鳞；有的早早往井河中挑水，回家中便烧香上供，叫"引田龙"；有的"煎元旦祭余饼，熏床炕，曰'熏虫儿'。谓引龙，虫不出也"。(《啼京景物略》) 广东潮州有迎青龙习俗。以青蛇为青龙，用彩车、采队扛着游巡。晋南人煮菁汤遍洒屋内墙缝、墙角、床席下，谓"禁百虫"。此日妇女不动针线，以免伤着龙。仙居农村此日要做馒头吃，菜肴要丰富，馒头发酵后层层膨开，白胖圆大，宛如宝塔，象征"春种一粒粟，秋收万颗粮"，且壮实身子骨，春耕更劲头。

三月辰日"看头龙"。湘西苗族，此日男女老少要休息一次，干农活是犯忌。三个辰日依次叫"看头龙""看二龙""看末龙"。"十八日为白龙生日。前后旬日，阴晴不常，乡民是日雨卜白龙之归，谓龙归省母则农必有收。"(《清嘉录》)

四月，山西大同城西有以祭祀"护法龙王"为主要内容的"雷音寺庙会"。

五月初五是端午节，如湘粤苏川等许多地方有"赛龙船会"活动，即"龙舟竞渡"。有的地方称"龙船节""龙舟节"或"龙舟会"。龙舟，大小不一，挠手人数不一：广东的龙舟长 33 米，挠手 80—100 人；南宁的长 20 米，挠手 50—60人；湖南泊罗县的长 16—22 米，挠手 24—48 人；福州的长18 米，挠手 32 人。龙舟狭长，细窄，船首饰龙头，船尾饰龙尾，颜色为红、灰、黑等。竞渡前先请龙、祭龙。竞渡时，"两岸罗衣破晕香、银钗照日如霜刃。鼓声三下红旗开，两龙跃出浮水来。棹（zhào）影斡（wò）波飞万剑，鼓声劈浪鸣千雷。鼓声渐急标将近，两龙望标目如瞬。坡上人呼霹雳惊，竿头彩挂虹蜺晕。前船抢水已得标，后船失势空挥桡。……"（张建封，《竞渡歌》），淋漓尽致地表现了龙舟竞渡的壮景。

六月初六"晒衣节"，即"龙袍日"。此日家家要晒出衣服或书籍，认为这样可免遭毒渍与鼠啮。此日又称"晒书节"、"牛羊节"（羊食犒赏牧人）、"天贶（赐予）节"（新麦蒸食庆夏收）、"回娘家节"等。

七月十五中元节（即鬼节），主要活动是放河灯。"河灯"有荷花灯、荷叶灯、西瓜灯、茄子灯、三星灯、鱼灯、舟灯、龙灯或龙凤灯、宝塔灯等，"水西河口"共放365盏灯，每隔5米放一盏，寓一年吉祥顺利。

八月十五中秋节，安徽、香港铜锣湾大坑地区有龙灯会，"龙"由稻草、珍珠草扎成，全身插长寿香，被称作"火龙"。

九月初十接龙节，丰收季节，湘西苗族要举行隆重的"接龙"仪式。

农历腊月祭龙会。云南元阳哀牢山哈尼族人在腊月要举行两天的"祭龙会"。节日主旨是祈雨、求福，纪念为百姓做好事的龙神以及与龙神有关的人，形式与庙会不同。

龙虎皆兽王，龙凤缘分深，所以与它们结缘的成语特多。如形容斗争激烈的"龙争虎斗"，形容人横行霸道的"龙睁虎眼"，表现气势威壮的"龙骧虎步"，赞美歌或咏声的"龙吟虎啸"，形容地势险要的"龙盘虎踞"，形容环境险恶的"龙潭虎穴"，表现生气勃勃的"龙腾虎跃""生龙活虎""风虎云龙"，形容胸怀壮志的"龙骧虎视"，形容仪态非凡的"龙行虎步"，形容力量强大的"降龙伏虎"，表现气势豪放的"龙飞凤舞"，形容聪明有为的"龙驹凤雏"，形容风采出众的"龙章凤姿"，形容才华非凡的"龙跃凤鸣"，形容文采焕发的"龙翰凤翼"，形容怀才不遇的"龙蟠凤逸"，形容攀附圣贤的"攀龙附凤"，形容隐才未现的"伏龙凤雏"，形容奇珍菜肴的"烹龙炮凤"，形容德高杰出的"麟凤龟龙"，形容好表无实的"鱼质龙文"，形容待客无礼的"元龙主卧"，形容繁华热闹的"车水马龙"，形容隐蔽化装的"白龙鱼服"，形容英才登天的"龙跃云津"，形容徒有虚名的"土龙刍狗"，形容出类拔萃者的"人中之龙"，形容人在野而声望扬世的"匣里龙吟"，形容表面爱实际惧怕的"叶公好龙"，形容静如尸动如龙的"尸居龙见"，形容各种节目交错登台的"鱼龙漫衍"。还有很多与龙有关的，如来龙去脉、画龙点睛、望子成龙、游云惊龙、群龙无首、曝鳃龙门、元龙豪气、亢龙有悔、文炳雕龙、直捣黄龙、一龙一猪、神龙见首不见尾、强龙不压地头蛇等二十几条。

俗谚语中，"龙"也难脱"虎""凤"：龙归沧海，虎入深山；龙不离海，虎不离山；龙怕揭鳞，虎怕抽筋；龙行有雨，虎行有风；龙出龙力气，虎得虎收成；龙要会虎难上岭，虎要会龙难下滩；龙游浅水遭虾戏，虎落平阳被犬欺；龙眼识珠，凤眼识宝，水牛眼识稻草；龙配龙，凤配凤；龙生龙，凤生凤，老鼠生儿会打洞；龙虎相斗鱼虾遭殃；龙多天大旱；龙窠不值（如）狗窝；龙多不治水，鸡多不下蛋；龙门跳，狗洞钻；龙能变水，人能变火；龙头怎样摆，龙尾怎样甩；龙威不如爪威；龙吃千江水，也有不到处。

歇后语也有龙：龙骨水车——心里转，龙灯的胡须——没人理，龙灯的脑壳——任人摆布，龙船装狗屎——又长又臭，龙门阵缺人——摆不起来，龙袍当褰衣——白糟蹋，龙王靠边——人定胜天，龙王发脾气——倒海翻江，龙王爷的后代——龙子龙孙，龙王爷作法——呼风唤雨，龙珠跟着龙尾走——不对头，龙背上剥鳞——痴心妄想。

历代以龙作为帝王的象征，皇帝被称作"真龙天子"，故与皇帝有关的事物都得冠个"龙"字，如龙体、龙颜、龙袍、龙床、龙席、龙椅、龙辇、龙驹等等。一座紫禁城，龙随处可见，三大殿中的太和殿可谓"龙的世界"了，处处可见龙：金漆木台19条，宝座屏风19条，两侧6条，座顶藻井1条，正中1条，井口四周16条，殿内顶棚全是，3909条，殿前后40扇大门，每扇5条，门窗共3504条。

民间常有人说"龙脉"好，会发迹。龙脉是指龙的绵长连贯的血管，中国的龙脉起源于昆仑山，它的西北边是天山、祁连山、阴山，西南边有唐古拉山、喜马拉雅山、横断山，北边有阿尔泰山、贺兰山。但古代封建王朝所谓的"龙脉"，大多是统治者自己设定的地点，如黄帝时期在中原黄河流域，周朝在岐山，秦在咸阳，汉在沛县，唐在长安、陇西太原一带，宋在开封，明在安徽凤阳，清在东北。

龙有青龙、白龙、黑龙、赤龙。《西游记》中有条小白龙化作白马，人称"白龙马"，载着唐僧完成取经重任。关于青龙，还有个故事：有两条青龙修炼于天池山的深潭中，十分关心附近百姓的疾苦，常常行风播雨，百姓因此衣食无忧。月洁风清时，天上的仙女常常入潭洗澡，有一日遭遇熊怪入潭，仙女高呼："救命！"青龙闻声，披甲持械，于潭中擒怪。王母知之，从宝葫芦里取一金珠送给两条青龙，愿它们修炼早成。

二龙互推，金珠蹦跳，金光闪闪。时间一长，惊了动玉帝，命太白金星下凡查看。太白金星汇报实情后，玉帝很是感动，便又取一金珠，送给青龙，青龙吞下后成了天神。百姓命运由天神专管，青龙潜心修炼后造福百姓，百姓修庙供奉青龙。时日久之，祭祀敬龙，舞龙绘龙，双龙戏珠，故事此出。

仙居西乡，有龙母娘娘的传说。湫山下有一位十七八岁的村姑，家有老父、哥哥、嫂子。一天，她蹲于永安溪畔，洗衣浣纱，水中忽漂三颗红珠，渐近面前，姑娘感到好奇，捞珠在手。衣兜、菜篮、石上均无法放置，只好含在口中，待洗完衣服，再作处置。突然她的老父亲唤她，她猝不及防，"哎"一声，含珠吞肚。数月之后，肚子渐大，老父见之，一再责问："与谁乱来？"姑娘矢口否认，深感委屈。一再追问，才说出此事经过。为避外人碎语，姑娘决定上鸡冠岩洞躲避，让老父在油菜花盛开时去看她。然后，姑娘把几斤油菜籽装入竹筒，手持竹竿，爬山穿林，登上十几米高的峭壁，进入岩洞，菜籽也随路撒落。时过三月，老父盼女心切，不待油菜花盛开，仅见几朵黄花，就上鸡冠岩去了。那天，姑娘从口中连"生"出赤龙与白龙，经洞中龙池沐浴，出洞腾空升天。正当黑龙出生，尚未完毕，只听父亲洞外唤她，姑娘害羞闭嘴，"咔嚓"一声咬断龙尾，无尾黑龙就"呼啦"一声飞出洞去，顿时，乌天黑地，狂风呼啸，雷声轰鸣，大雨倾盆。老父吓得昏死过去，姑娘速拔一簪掷出洞外，簪落成石笋，姑娘也顿时定神，端坐洞中，成了神。这就是民间流传"无尾巴龙作搞（作祟）"的故事。姑娘从此成了"龙母娘娘"。

书籍中提到龙的有：朝鲜作家申采浩的小说《龙和龙的决战》，北宋苏辙撰的笔记《龙川略记》，南宋陈亮别集《龙川文集》，南宋刘过（号龙洲道人）作的词集《龙洲词》和别集《龙洲集》。杂剧《龙舟会》，为明末清初时王夫之所作，写谢皇恩翁婿二人被盗贼谋杀，托梦给小女谢小娥，让她代为报仇。小娥按李公佐提议，改扮男装，访得凶手申春、申兰，投奔申家为仆三年，终得机会手刃了仇人，后投案官府，贪官枉法，欲治惩小娥，小娥出示李公佐字据而免死。另有写北宋赵匡胤、呼延赞与私通敌营的元帅欧阳方的斗争故事的戏剧《龙虎斗》；传奇剧《龙灯赚》和明杨珽作的《龙膏记》，清人石玉昆编的《龙图公案》，写北宋包拯故事；以三国为题材的有《卧龙吊孝》(《柴桑口》)，《甘露寺》《回荆州》《芦花荡》三剧合成的《龙凤呈祥》。现代戏剧有话剧《龙须沟》《龙江颂》等。

咏龙诗歌，自古有之。《诗经·蓼萧》："既见君子，为龙为光。其德不爽，寿考不忘。"《商颂·玄鸟》："武丁孙子，武王靡不胜。龙旗十乘，大糦是承。邦畿千里，维民所止，肇城彼四海。"唐代李贺的《苦昼短》曰："天东有若木，下置衔烛龙。吾将斩龙足，嚼龙肉，使之朝不得回，夜不得伏。自然老者不死，少者不哭。"表达了诗人想要征服自然力的美好愿望。白居易《黑龙潭》诗："黑潭水深色如墨，传有神龙人不识。潭上架屋官立祠，龙不能神人神之。"白乐天写出了龙的神秘感，又正确地道出："龙不能神，是人神之。"宋代苏轼《起伏龙行》诗："赤龙白龙战明日，倒卷黄河作飞雨。"毛泽东《人民解放军占领南京》有"虎踞龙盘今胜昔，天翻地覆慨而慷"之句，写出了南京的气势，变化的巨大，人民的激情。

"龙"对联既写情志，又表景意。方志敏，以"云龙搏浪飞三级，天马行空载五年"自喻。画家齐白石将"海为龙世界，云是鹤家乡"联，赠给毛泽东。此联境界开阔，形象传神。电影演员崔嵬成功塑造了《红旗谱》中朱老忠的形象，作家老舍撰联祝贺："贞如翠竹明于雪，静似苍松矫若龙。"钱锺书先生为友人画集题赠对联："毫端凤虎云龙气，空外霜钟月笛音。"钱锺书八十寿辰，夏衍贺联："凤虎云龙笔，霜钟月笛情。"

还有许多关于殿宇寺庙、名胜风景的"龙联"。乾隆题颐和园灵雨祠联："云归大海龙千丈，雪满长空鹤一群。"书法家赵孟頫为杭州西湖灵隐寺题联曰："龙涧风回，万壑松涛连海气；鹫峰云敛，千年桂月印湖光。"云南丽江黑龙潭边"玉泉龙王庙"中的"得月楼"，郭沫若为之题联："龙潭倒影十三峰，潜龙在天，飞龙在地；玉水纵横半里许，墨玉为体，苍玉为神。"东岳泰山黑龙潭清凉石亭有联："龙跃九霄云腾致雨，潭深千丈水不扬波。"山西临汾古井亭联："酒味冲天，飞鸟闻香化凤；糟粕落水，游鱼得味成龙。"台湾省高雄龙王庙联："合长江大河，而注之海；能兴云至雨，是谓之神。"全联不见一个"龙"字，而江、河、海、云、雨、神则处处写龙形。正如一首《风》诗，亦全诗无一"风"字，却句句写"风"："五湖四海浪滔滔，刮尽尘埃冲云霄。两岸芦苇尽作揖，树上无鸟树梢摇。"诗从狂风写到龙卷风，又从和风写到微风，无处不显风。联巧诗妙，独具匠心。

有个成语叫"画龙点睛"，说的是梁武帝在金陵建成长乐寺后命画家张僧繇在寺壁上作画。张在墙上、柱上画了四条龙，条条鳞片俱全，张牙舞爪，栩栩如生，但无眼睛，别人问为何，他说："有了眼睛要飞走。"听者不信，说是骗人，极力让他尝试。张无奈，提笔轻轻点上眼睛，刚点完第二条，忽见一道闪电，紧接着"轰隆"一声巨响，众人吓得四处窜逃。"咔嚓"一声，墙壁开裂，点睛后的二龙消失，未点的二龙安然在墙上。绘龙的画很早便有了，从已出土的文物看，最早的是战国楚帛画的《人物驭龙帛画》，内有《人物夔凤》（凤鸟、夔龙）、《人物驭龙》（鹤、鱼、龙），还有《龙凤人物图》《御龙图》等，是我国现存的最早的帛画。张僧繇也有《横泉斗龙图》。

与龙有关的药，源头有三：一是化石（古代哺乳动物犀牛、象、三趾马等的化石）。如性凉味涩，镇惊安神、消除烦热之效的龙齿；性平味甘涩，具有平肝潜阳、镇惊安神、固涩镇静之效的龙骨。二是动物。如性平味甘咸，祛风定惊、解毒退翳的龙衣（蛇蜕），即蛇类蜕下的干燥皮膜；性寒味咸，有清热解痉、通络利尿、平喘降压的地龙（蚯蚓），为巨蚓科动物参环毛蚓的干燥体；性寒味咸，有小毒，祛风定惊、散结解毒，主治中风瘫痪、风痰惊痫的天龙（壁虎）；性温味咸甘，滋补强壮、温肾壮阳、消石化结的海龙（海蛇），为刁海龙等除去皮膜及内脏的干燥体；形似琥珀，呈灰黑色可作高级香料，又当药用的龙涎香（龙蔫、龙复香），为抹香鲸肠内分泌物之干燥品。三是植物。性寒味苦有小毒，清热解毒、利尿消肿、抗肿瘤的一年生草本龙葵（乌落茄、野辣辣）；性寒味苦，泻肝胆实火、除下焦温热的多年生草本根茎药用的龙胆草；性寒味甘，主治淋病、疔疮、疮疖、炎肿的多年生草本全草龙珠；性寒味微苦，清热利湿的多年生蕨类全草龙须（翠云草、蓝地柏）；性凉味苦涩，祛风除湿、通经活络的攀援灌木的根龙须藤（羊蹄藤、五里藤）；性寒味淡甘，清肝明目、利尿通淋、清热安神的多年生草本全草或根的龙须草（拟灯芯草、铺地蜈蚣、舒筋草）；抗菌消炎，退热镇静的多年生草本水龙骨（青龙骨）；性微温味苦涩，收敛止血的多年生草本全草龙芽草（仙鹤草）；性平味辛，清肝降压，活血散瘀，消肿解毒，利湿止痛的落叶灌木，根茎叶花药用的龙船花（臭桶盘、臭梧桐）；性温味甘，补心安神，养血益脾，可治健忘失眠、气血不足、体虚惊悸的大乔木龙眼（桂圆），龙眼核涩平，可收敛止血，消滞止痛。还有多年生草本五龙鞭、龙草解（穿山龙）、龙尾巴（铁扁担）、龙花柱（盘龙棍）等。

含"龙"字的地名很多。县市以上的，如黑龙江的龙江县，吉林的龙井市、和龙市，其农安县旧称"龙湾"，河北秦皇岛市的卢龙县、青龙县，内蒙古的正蓝旗龙冈（卧龙山），浙江的龙泉市、龙游县，福建的龙岩市，江西的龙南县，山东的龙口市与龙港街道，湖南的龙山县，广东的龙川县、龙门县和龙岗区，广西龙州县、龙胜县，云南的龙陵县、玉龙县和昆明的盘龙区，曲靖的马龙县，贵州的龙里县和布依苗族自治州龙里县龙山镇、罗甸县龙坪镇、遵义凤冈县龙泉镇，四川的新龙县、九龙县，重庆的九龙坡区，南京市的龙蟠路。风景名胜中含"龙"字的，如江西鹰潭龙虎山、乌龙山麓、龙宫涧，福建泉州市龙山寺，河南龙门石窟，北京的老龙窝、九龙山，山西龙门山，吉林的二龙山和龙虎石刻，长白山脉中的龙岗山、龙潭山，上海龙华寺，杭州龙井，成都龙泉山，黄河龙羊峡，云南大理市城北龙口城（龙首关）、龙尾城，龙川江，宝山龙陵县龙山镇，辽宁朝阳辽都龙城、黄龙府城，广西旧县城龙茗、龙津，钦州龙门港，青海古城龙支、龙夷、龙耆。鄂皖间有个"龙感湖"，就是安徽宿松大龙湖与湖北黄梅的感湖的合称，此龙湖就是"雷池"的原指地。普通村庄名中含"龙"字的以广西、海南、重庆最多，广西除龙州县和龙胜县，又有龙光、龙茗、龙邦、龙头、龙乾、雅龙、硕龙、高龙、龙潭、龙门、龙坪、龙岸、龙虎、石龙、镇龙等，海南有龙坡、龙滚、龙楼、龙桥、龙塘、龙河、龙门、新龙等，重庆有龙水、龙潭、龙池、龙河、青龙、云龙、接龙、龙市等。浙江仙居村庄名中含"龙"的也多，如城关龙王山、三井三龙漱、田市盘龙山，埠头牛龙岗，上井、朱溪、上张、漱山等地的龙潭头、龙潭背、龙潭脚、龙潭坑、回龙山，横溪地区的龙王角、九龙山、回龙山、三龙、龙岙、龙母岩等。就是日常生活中也有"龙"，如性别不同的双胞胎称为龙凤胎，装饰的锁有龙凤锁，床席有龙须席（由龙须草编织），面也有龙须面（细如龙须），外用药水龙胆紫，等等，这些正是龙文化的见证。

金龙腾玉宇，华夏吟辰诗。

蛇年说"蛇"趣

龙年献瑞，蛇序呈祥。大泽龙蛇藏远志，莽原蛇蜕蕴生机。蛇年到来，说说"蛇"趣。

仙居俗话说："大蛇欺小蛇，小蛇欺窝蟆，窝蟆欺蛞蝓（蚱蜢）。"窝蟆就是青蛙，传说远古时候，蛇和青蛙是朋友，不过蛇有四条腿，而青蛙无腿，靠肚子蠕动爬行。可是蛇懒蛙勤，青蛙不仅要捉虫给蛇吃，还帮助人们捕捉害虫。因此人类喜欢青蛙，厌恶蛇。

当蛇发现人类讨厌它时，就开始仇视人，咬人，见畜就咬，弄得人间不得安宁。土地神见状告到天宫，玉帝传蛇上天宫，劝其改恶从善，可蛇却口出狂言，毫无悔改之意，玉帝大怒，令神兵斩去蛇的四腿，免得它再害人，从此，蛇就无腿了。玉帝从土地神处得知青蛙有功于人类，就将蛇的四条腿赐给青蛙，青蛙有了腿后，更加勤快了。

蛇失腿后知错改过，决心重新改造自己，也开始吃害虫了，并拖着长长的躯体，一声不响地为人类做好事。蛇还跟着龙学治水，且死后也将其躯体献给人类，能作为药物救治人类许多病。玉帝见蛇知过能改，奋发向上，于是在分封十二属相时，让蛇排在龙后面，成为人类的属相。

蛇的甲骨文像一条头大而呈三角的毒蛇形，本义即为蛇（𧉚）。金文和小篆中的"蛇"在演变过程中渐失蛇形。今体从"虫"，从"它"，"虫"与"它"的本义皆为虫。"虫"旁加"它"，强调了蛇之义。

传说古代中国洞庭湖有种巨型蛇，约180米长，头蓝身黑，名为巴蛇。《山海经》载："巴蛇食象，三年而出骨。"巴蛇吞吃动物是常事，并且还袭击人类，故黄帝派后羿去斩杀它。后羿先用箭射中巴蛇，然后追击到遥远的西方，将其斩为两截，其尸体的其中一段变成了一座小丘，现称巴陵。巴的本义为虫。篆书"巴"字，好像一条口部奇大的巨蛇。《说文解字》曰："巴，虫也，或曰食象蛇。""巴"字后来多用作国名、地名。古代巴国在今四川东部、湖北一带，古诗有"巴山云雨"。周武王灭商后，封巴国为巴子国，后为秦惠王所灭。今湖北土家族就是古巴人后裔。因蛇常常贴着地面爬行，故巴又有贴近、靠近、急切盼望等义，引申义有讨好、巴结、巴望之义。

蛇与龙渊源深厚。在中国，蛇被视为龙的化身，故称蛇为"小龙"，蛇年为"小龙年"。《述异记》引民间传说："虺五百年化为蛟，蛟千年化为龙，龙五百年为角龙，千年为应龙。"认为龙是由蛇演化而来的。郑玄注《尚书大传》指出："蛇，龙之类也，或曰：龙无角者曰蛇。"刘邦曾经"斩白蛇起义"，白蛇被称为"白帝子"。"帝子"当然是龙，可其本相还是蛇。所以皇帝穿的是五爪龙袍，大臣穿的是四爪蟒袍。《大清会要》记载："凡五爪龙缎立龙缎团补服……官民不得穿用。若颁赐五爪缀立龙缎，应挑去一爪穿用。"龙未升天时，其习性与蛇一样，也蛰伏在泥土中。所谓"龙蛇之蛰""龙蛇泥蟠"，江苏宜兴一带俗语："成了龙，还是蛇肚里出生。"湖南歌谣有"南蛇蜕皮就变龙"的歌词。《韩非子·难势》提出，蛇得了神性也可"腾云驾雾"的呢。

在尊奉蛇为图腾的地区，人们一般认为"蛇"是"虎"的原形，"龙"是"蛇"的神性显示。故江浙皖一带称蛇为"苍龙""天龙""家龙"；闽桂一带有自称"龙种""龙人""龙户"的民族，并建蛇庙祭蛇神。漳州一带、南平樟湖镇独特的崇蛇民俗是"赛蛇神"。在《江河万里行》节目中，就可见到福建两江（闽江、九龙江）的源头处，至今有几村民众以蛇、青蛙为祖神崇拜，建庙供奉，年年祭拜。马王堆汉墓出土的女娲形象为人首蛇身形象，伏羲也如此。由这种形象可见蛇图腾分布很广，集中出现在我国南方。

配于蛇的地支是"巳"字，"巳"字的甲骨文像幼儿形，本义为在胎包中尚未出生的胎儿，身体蜷曲，藏于暗处，是隐藏在内的阴性物质。"巳"的字形回旋曲折似蛇形。其所代表的时间是上午，此时阳光变强。蛇是变温动物，此时利用春草掩护，在阴凉地方盘伏。"巳"代表人的中年阶段。有了辰龙时期的积累，人们开始向更高的目标前进。但就像蛇逶迤前行阻力多多一样，人到中年，也会遇上各种各样的挫折和问题，家庭负担、人际关系、身体健康等，都可能出现意想不到的状况，会像蛇的成熟过程一样，经历一次次艰苦的蜕变。人到中年，风霜岁月，几经磨砺，也会使人克服青年时期血气方刚、鲁莽草率之病，懂得不时时处处锋芒毕露，懂得给人给己留下余地；在环境不利于自己时，像蛇冬眠一样，韬光养晦，希图再举、再前进。（李土生，《十二生肖：生命的密码》）

在民间，狐狸、黄鼠狼、刺猬、蛇、老鼠被当作"五大仙"供奉，其中蛇被称为"柳仙"，在中国神话中出现的频率仅次于狐狸。《白蛇传》中提及的白蛇、青蛇，是蛇妖的代表，《聊斋》中，也有很多以蛇为主题的志怪故事。四方神兽中的"玄武"是龟蛇合一的形象，道教大神玄天上帝是脚踩龟将、蛇将，人类始祖伏羲、女娲也是半人半蛇的形态。蛇，可以说是名副其实的"大仙"了。

所以，民间有各种各样的与"蛇"有关的习俗。明代谢肇淛《长溪琐语》记载："水口以上有地名朱船坂（即樟湖坂），有蛇王庙，庙内有蛇数百，夏秋三间赛神一次，蛇之大者或缠人腰，或缠人头，出赛。"北方许多地方有"蛇盘兔""蛇盘蛙"说法，均以蛇为保护神。军事上也有个"一字长蛇阵"，是首尾相顾的长线形战略阵式。《孙子兵法·九地篇》载："故善用兵者，譬如率然。率然者，常山之蛇也。击其首则尾至，击其尾则首至，击其中则首尾俱至。"民间忌打家中蛇，因多传家中蛇乃祖辈化身，会庇佑家人。

蛇是"五毒"之王。所谓"五毒"，是指蛇、蜈蚣、蝎子、蟾蜍、壁虎五种动物。全世界蛇类有2500多种，毒蛇约650种；我国已发现蛇类160种，其中毒蛇40多种，南部多，北部少，浙江有近60种，常见的有五锦蛇、乌梢蛇、竹叶青、赤练蛇等。蛇分有毒、无毒两类：毒蛇头较大，呈三角形，颈部细小，尾短，泄殖腔孔后骤然变小，斑纹鲜明；无毒蛇头较小，多数呈椭圆形，尾长，泄殖腔孔后逐渐变细。五步蛇（亦名"蕲蛇""尖吻蝮"）、蝮蛇、烙铁头、竹叶青、蝰蛇等都是典型的三角形头的毒蛇。有无毒牙是蛇是否带毒的根本区别。毒牙生在腭骨的前部的，如眼镜蛇、金（银）环蛇、五步蛇（蕲蛇）、海蛇等，毒性极大，一旦被咬伤，要立刻用布条或绳子紧扎伤口上部，避免毒液流到全身，尽力挤出毒血，并立即到医院治疗。

以下是蛇的几个特点。

一是蛇舌。蛇舌是分叉的，且经常伸出口外，蛇凭借舌头的快速伸缩，把气味送入鼻子连着的一种特殊器官内。故蛇鼻对震动的感觉极敏感，能"闻笛起舞"。

二是蛇蜕。蛇蜕是蛇蜕掉的"外衣"，可以入药治咽喉肿痛、疥癣等。蛇蜕皮是生理现象，每隔两三个月蜕一次，使身躯变大一些，多在粗糙的地表面上的瓦砾、树枝间蜕皮。蜕皮时间多集中在三、四月间，因天气暖和，蛇出洞找食，以补充冬眠时消耗的营养。

三是蛇行。蛇无脚无胸却能爬行，是因身上有两种鳞片，都通过肋皮肌与肋骨相连。当肋皮肌收缩时，翘起的鳞尖端像脚一样踩住地面或物体，推动身体前进。蛇椎骨相互连接牢固，增加了身体左右弯曲的能力，使蛇能波状运动。

四是打蛇。蛇身七寸处或三寸处，均是蛇的致命处。打三寸处，脊椎骨被打伤或打断，它就无法抬头咬你。七寸处，则是它心脏所在，一旦被打中，会对蛇造成致命重伤，蛇必死无疑。

五是蛇伤。人被蛇咬伤，多在七、八、九三个月。气温低于10℃时，蛇不大活动，高于40℃时，体弱、体瘦的蛇会大量死亡，故蛇要冬眠。而七、八、九三个月蛇出没较频繁，特别是灌木、坟墓、石堆、草堆等隐蔽之处。这个时节要力避蛇伤，慎"打草惊蛇"。

六是蛇尾。响尾蛇的尾巴会发出"嘎啦嘎啦"的声音，因其尾巴有类似哨子的结构，是由坚硬的皮肤形成的角质轮。这种角质化表皮围成了一个空腔，腔内又由角质膜膈成两个环状空泡（空气振动器）。当蛇剧烈摇动其尾巴时，空泡内形成气流，气流进出，振动发声。

在中华文化中，与蛇有关的成语有20多个。如喻处境极险恶的"握蛇骑虎"，像蛇曲行或北斗之折的"蛇行斗折"或"斗折蛇行"，喻贪欲极大的"蛇欲吞象""巴蛇吞象"或"一蛇吞象"，因疑惧而相惊的"蛇影杯弓"或"弓影杯蛇"，喻人心狠毒的"蛇蝎心肠"，喻贪婪凶狠的人或侵略者的"封豕长蛇"或"封豨修蛇"，喻假殷勤、敷衍应付的"虚与委蛇（yí）"，形容书法笔势矫健迅捷的"惊蛇入草"，喻书法拙劣无章法的"春蚓秋蛇"，喻做事前紧后松有始无终的"虎头蛇尾"，喻追踪搜寻，枉费无得的"拨草寻蛇"，喻非凡才能的"灵蛇之珠"，喻多此一举的"画蛇添足"，喻好人坏人混杂在一起的"龙蛇混杂"，喻书法笔势强健活泼的"龙蛇飞动"，喻时隐时现随情而变的"一龙一蛇"，喻权力分散的"一蛇二首"，喻惩甲惊乙的"打草惊蛇"，还有"一朝被蛇咬，十年怕井绳"。

俗谚语也多，如：蛇大窟窿大（粗）；蛇钻的窟窿蛇知道；蛇吃黄鳝大家死；蛇吃鳗鱼（白鳝）比长短；蛇口最毒，贼手最脏；蛇爬有声，好计无影；蛇珠千枚，不及玫瑰；蛇无大小，毒性一般；蛇皮华丽，牙齿有毒；蛇钻竹筒，曲性还在；蛇打不死，反受其害；蛇死三天尾还动，虎死七天不倒威；蛇无头而不行，鸟无翅而不飞；蛇过道，大雨到；蛇晒太阳有雨落；蛇咬人咬不死，人咬人无药医；蛇咬人有药医；蛇咬一口，入骨三分；蛇出洞才好打，草出土才好锄；蛇会蜕皮，狼会变色；蛇虫还怕死，蛇见雄黄骨头酥；蛇健在，蛙遭殃；蛇有蛇路，鳖有鳖洞；蛇跑兔窜，各有打算。

歇后语亦有十几条，如：蛇进草窝——无人知，蛇入曲洞——退路难，蛇吃老鼠——囫囵吞，蛇吞黄鳝——比长短，蛇吞扁担——直脖啦，蛇吞蝎子——以毒攻毒，蛇吞象——不自量力，蛇头上的苍蝇——送来的口食，蛇钻窟窿——顾前不顾后，蛇挂在树上——拖在哪里了，蛇吞老鼠鹰叼蛇——一物降一物，蛇头上揩痒——找死，蛇被蝎子蜇——一个比一个毒，蛇被抓住了头寸——浑身酥软，眼镜蛇打喷嚏——满嘴放毒，一朝被蛇咬，十年怕井绳——心有余悸。

与蛇有关的词也不少，如：蛇足，指多余无用之物；蛇蝎，喻狠毒的人；蛇珠，喻才华卓越；蛇行，指伏地曲折爬行或蜿蜒曲折前行；蛇爪，一年生茎蔓生草本，果实圆柱形外形似蛇的常见蔬草，也叫"蛇豆"；还有蛇路、蛇纹岩、蛇纹石、蛇吞象等。地名中亦有"蛇"，如武汉长江岸边的蛇山、辽宁大连的蛇岛、广东深圳蛇口工业园区、浙江三门县的蛇蟠岛等。

文学作品也写蛇。法国作家莫里亚克的小说《蛇结》。唐柳宗元的散文《捕蛇者说》。我国民间故事《白蛇传》中，白素贞就是白蛇修炼千年化成的人，小青是白蛇在山林中收的小青蛇化成的。金庸的《神雕侠侣》中的李莫愁，是个武侠人物，人称"赤练仙子"。因她心狠手辣，滥杀无辜，拿手招数就是五毒神掌和冰魄银针等阴毒武功，江湖上便将她比作赤练蛇。

写蛇的诗歌如《诗经·小雅·巧言》："荏染柔木，君子树之，往来行言，心焉数之。蛇蛇硕言，出自口矣，巧言如簧，颜之厚矣。"又《国风·召南·羔羊》："羔羊之革，素丝五缄。委蛇委蛇，自公退食。……"晋人傅休奕《走狗赋》中也有"狗尾妒腾蛇"。

跟蛇有关的对联颇多。有副描述秤杆与旧时油灯的对联："白蛇过江，头顶一轮红日；青龙挂壁，身披万点金星。"对联生动形象，广为流传。

明清时期，江苏才子吴亮与好友尤安同游，吴出联曰："卧也坐，行也坐，立也坐，坐也坐。"要尤安猜田间小动物，尤安对道"坐也卧，行也卧，立也卧，卧也卧"，并说"我的谜能吃掉你的谜"。你道各是何？即蛙与蛇。

北宋苏轼去儋州，过广州，见真武庙中真武帝两侧，各有龟、蛇塑像，触景生情，挥笔成联："逞披发仗剑威风，仙佛焉耳矣？有降龙伏虎手段，龟蛇云乎哉。"

太平天国名将陈金刚作联："王者命自天，谁敢化蛇挡道；英雄居此地，何妨搔虱谈兵。"极其藐视敌方。

山西绵山韩信庙联："西望关中，百战十年空鸟兔；北临绵上，千秋一例感龙蛇。"

四川剑阁联："矗立岗峦，起伏蹲踞如猛虎；迂回栈道，蜿蜒曲折似长蛇。"

庐山观瀑亭联："洁白飞泉，下泻倒悬成雪练；蜿蜒公路，盘旋而上似银蛇。"

相传清代道光年间，四川才子刘乃香拜访文举李元度，二人均自我炫耀。李出上联："骑青牛，过函谷，老子姓李。"刘速对下联："斩白蛇，入武关，高祖刘氏。"对句亦真亦谐，颇见魅力，故成趣话，流传至今。就是数字也成对联："七鸭游湖，数数三双一只；尺蛇出洞，量量九寸十分。"（陈景胜，《蛇年话蛇联》）

与蛇有关的植物很多，可分为两类：药用类、观赏类。药用的有：性微温味苦，清热解毒，化痰止咳、截疟的多年生草本（全草）蛇含（蛇扭、五爪金龙、五叶碗头）；能解热毒、消肿止痛，治疮痈肿、蛇咬伤的苔科植物蛇苔；清热解毒、健胃止痛的一年生攀援草本蛇莲；性寒味甘苦，清热解结，治痈疮肿毒、咽喉肿痛、蛇伤烫伤的多年生草本蛇莓（蛇苗、大蛇吐）；性微寒味甘淡，凉血解毒、消炎利水的矮小伏地草本蛇脷草（半边莲）；性凉味苦，清热解毒的草藤本蛇王藤（双目灵）；性寒味苦，清热解毒，治骨髓炎、结膜炎、喉炎及毒蛇咬伤的一二年生草本蛇大王（五星草、马龙骨）；性凉味甘淡，清热解毒、利水消肿的一年生草本白花蛇舌草（二叶葎、蛇雀草）；性温味辛辣，消肿解毒的多年生草本蛇六谷（蛇头子、天南星）；性平味甘苦，清热解毒、舒筋活血、祛风止痛的常绿小灌木蛇不过（虎刺、小叶刺风）；性平味淡，活血散瘀、清肺发散的多年生草本蛇根草（四季青、血和散）；性凉味甘苦，清热解毒、祛风除湿的攀援灌木蛇泡簕（茅莓）；性平味甘淡，活血去瘀、清热止血的大叶蛇泡簕（粗叶悬钩子、老虎泡）；性凉味甘淡，清热利尿，凉血去湿、拔毒止痒的多年生攀援草本蛇倒退（扛板归、犁头刺）；性凉味甘苦，清热消肿、祛风湿的草质藤本蛇葡萄（山葡萄）。

观赏的植物有：耐寒耐热或稍耐阴，夏秋开红紫色花的多年生草本蛇鞭菊，宜作花坛、花境、庭院植物；叶粗皮孔、幼枝嫩毛的落叶藤本蛇白薇（又名野葡萄），圆形浆果熟时，蓝果串串悬挂；多枝叶对生，株高 120 厘米，伞房花序状，夏秋季开花的一年草本蛇目菊，适于花坛种植；长势强，嫩梢底色黄绿，圆或心脏形叶片边缘下卷的蛇龙珠，适篱栽培；夏枯萎冬常绿，根茎粗肥条形叶，三四个月开蓝紫色花的多年生草本蛇不见；抗寒不耐高温，茎直立，生叶莲座状，开粉红色小花的蛇舌莲，宜作盆花，可配植花坛或岩石园中；黄白色粗根皮，枝粗壮，幼枝卷须分叉，四到八个月开黄绿色花的蛇白蔹；叶肥厚呈三角状披针形，端细尖呈剑形，面深绿色，花绿白色，喜暖耐半阴的蛇尾兰，宜盆栽室内陈设；很耐旱较耐阴，株形美、姿刚劲、叶色殊、常年青的多年生草本蛇皮掌（虎尾兰、虎皮掌），为室内盆栽花卉；单性花雌雄异株，圆锥花序，七个月花期的多年生缠绕草本蛇麻花（原名啤酒花）；茎分枝，开淡黄色或苍白色花，花期五至七个月的灰绿色草本蛇果黄堇；夏季结颇为诱人的鲜红晶莹的果实的蔷薇科植物蛇莓（三爪风、野杨梅），可观花、果、叶，园林中栽植最好。

一些疾病名也用"蛇"字，如皮肤病中的"蛇皮癣"（鱼鳞病）。西医称"带状疱疹"，皮肤呈潮红疱疹簇集，形如索带蛇行排列的病症，中医名曰"蛇丹"。

中国传统文化中，蛇被人们赋予了知恩善报的意义。《白蛇传》的白蛇，就是为报恩而化成美女配许仙。《搜神记》中讲述：古时隋侯出行，遇大蛇受伤，命随从用药救治，后来，蛇衔明珠以报答隋侯，故民间以"蛇衔珠宝"为吉兆。国内2013年发行的癸巳年蛇邮票上的蛇形便以蛇报恩为主题创作，邮票中的蛇口衔珠宝，尾部幻化为两株灵芝草，寓意吉祥，蛇身装饰春桃、夏荷、秋菊、冬梅图案，象征四季平安。

灵蛇漫舞千山秀，神骏奔腾万里春。

马年说"马"趣

银蛇狂舞辞旧岁，骏马奔腾迎新春。马年到来，聊聊"马"趣。

甲骨文的"马"（𢒉）横过来看，头、眼、嘴、鬃、身、足、蹄、尾俱有，颇似一匹马的样子，尤其突出其"鬃"（颈上毛）及四足。（李土生，《十二生肖：生命的密码》）《说文解字》云："马，怒也，武也。象马头鬃尾四足之形。"鬃，是马区别于其他动物的重要特征之一，马善奔跑，故其字形以四足为特征。金文，仍留大眼、长鬃、修尾等特征，依然可望形知义（𢒉）；秦篆尚有"象马头鬃尾四足之形"（𢒉）；隶书变鬃毛为三横，化四足为四点（馬）；楷书继承隶体结构，为"馬"，共九个笔画。今之"马"，从王羲之《澄清堂帖》中的草书楷化而来，只三笔，便于书写。（士欣，《马年话马》）

马，在中国人眼中是一种神物。传说道家经典《洛书》也是由一匹白马从黄河之中驮出来的。据说这匹马的身上还有神奇的旋毛，其图形就是自然界各种奥秘的钥匙。（李土生，《十二生肖：生命的密码》）传说古时的马有双翅，叫天马。它在地上能跑，空中能飞，海中能游，是一种极有威力的动物，后来它在玉帝殿前做了一匹御马。天马因玉帝宠爱，渐渐骄横起来，时常胡作非为。一日，天马溜出天宫，直奔东海，硬闯龙宫。守宫门的神龟及虾兵蟹将一齐阻挡，天马恼羞成怒，飞腿踢死神龟。此事被告到天宫，玉帝便下令削了天马双翅，并压在昆仑山下，三百年不许翻身。（张连河，《生肖马的故事》）

那么，失翅又被压在昆仑山下的天马又是怎样当上人类的属相的呢？

原来两百多年后，天宫御马园的神仙把人类始祖人祖要经过昆仑山的消息透露给天马，并告诉它如何才能从山下出来之法。当人祖经过时，天马就大喊道："善良的人祖，快来救我呀！我愿同你去人间，终生为人效力。"人祖听了，生出同情之心，就依天马之言，砍去山顶桃树。只听见一声巨响，天马从昆仑山下一跃而出。与人祖一道来人间，终生终世为人祖效劳，平时耕地拉车，驮物乘骑，任劳任怨；战时，披甲备鞍，征战沙场，同主人一起出生入死，屡建战功。从此，马与人成了好朋友，形影不离。当玉帝准备挑选十二种动物作为人类属相时，马自然成了人类最先推荐的动物之一；玉帝也因马立功赎罪，有功于人而允许马做属相，排于蛇后，位居第七。（张连河，《生肖马的故事》）

配马的地支是午。"午"的甲骨文形状像绳交叉叠压而成的辫子，以绳与绳之间相逆而交的形象表示交叉违反之意。"生"字无底不出头为"午"。生是草木扎根未稳之时，是草木尚未露出头角；"生"不出头，"午"具"生"之形，是将生未生之时。"午"体现的是生命之中即将脱离羸弱体态，正要出头露面的关键时刻。地支第七位的"午"与天干相配，用以纪年、纪日，指农历五月；用以纪日为壬午日；用以纪时为午时，正值白天 11 时至 13 时，为阳气极盛、阴气始生的交午之时，象征人生如日中天的中年。"午"，五行属火，为阳，位居南方。八卦中，"午"在离位，离为火，故以"午"对应丙火，丙火为盛阳之火，炽烈异常。（李土生，《十二生肖：生命的密码》）

　　马年说马，"马"趣多多。马是六畜之一，且居六畜之首，却并非是最早被驯化家养的。据相关史料，六畜中最早被驯化的是狗，时间约公元前七八千年前；其次是羊、牛，公元前六七千年前；再次是猪，公元前五六千年前；最后是鸡、马，公元前三四千年前。养马，最初只为食用，因其力大善走，不久就成了牧民的坐骑与挽车工具。公元前 2000 年，马始用于军事。一个国家的实力往往以拥有多少辆战车来衡量，故有"百乘之国""千乘之国""万乘之国"之说。商周时代，养马规模很大，相传商王相士、王亥都亲自驯养过，周王还参加过"执驹"典礼。在现已挖掘的商王墓中，有多达 30 匹的陪葬马，可见当时的养马规模之大。被人类驯养为家马的，其实是 400 万年前出现的似现代马的马，其前的马经历了六七个阶段的变化。有篇研究马史的文章告诉我们：约 6500 万年前，陨石撞击地球，结束了恐龙统治地球的时代。约 6000 万年前，马的原始祖先原蹄兽出现在森林与热带草原，它的身长只有约 1.2 米，四肢短小，笨重，行走缓慢。约 5600 万年前，火山爆发，地球极热，稍大的原蹄兽灭绝了，存活的小型原蹄兽进化为始祖马，体长约 0.6 米，肩高约 0.3 米，脊背能弯曲，尾较短，四肢细长，前足四趾，后足三趾，身上布满梅花鹿斑点。约 4000 万年前，北美洲出现了始祖马进化的渐新马，体长约 1.2 米，肩高约 0.6 米，中趾发达是进化奇蹄的基础。约 2000 万年前，出现了草原古马，吃干草，乳齿低冠，臼齿变为高冠，是为寻找水源与躲避食肉动物之需，跑的能力增强，体型与现代马差不多了。约 1030 万年前，草原古马进化成恐马，广布北美洲，大约生存了 670 万年，它的外貌体型接近现代马，被视为现代马最直接的祖先，趾最后由三趾变为单趾。约 500 万年前，部分草原古马进化为上新马，是最早的单趾马，外表有点像现代斑马，但非斑马祖先。约 400 万年前，现代家马出现了，但非真家马。4000 多年前，中亚牧民学会了驯马之术，公元 15 世纪，家马被欧洲人带到美洲和大洋洲。世界上曾生活有 350 多种野马，可惜留存今天的只有我国甘肃和新疆一带的蒙古野马了。我国列此野马为一级保护动物，现在它们生活在新疆卡拉麦里和甘肃敦煌西湖两个保护区内。

"马"字可作为偏旁部首，古人用它造出 170 多个字。这些字或表示马的年龄、颜色，或表示马的动态、动作，其意义都与马相关。用于计算马数的字中，一马为"匹"，两匹为"骈"，三匹为"骖"，四匹为"驷"。驿站的专用车马为"驲"，掌管马车的为"驺"。表示马的毛色的有：左足白色的"騜"（zhù），赤色的"骍"（xīng），黄白相杂的"駓"（pī），青黑色的"駽"（xuān），黑嘴黄身的"騧"（guā），青黑色纹如象棋格子的"骐"（qí），青白相杂的"骓"（zhuī），黄白相杂的

"騜"（huáng），鬃尾近白全身淡黄栗色的"骠"（biāo），赤白杂毛的"騢"（xiá），浅黑的"騩"（guī），浅黑带白的"駰"（yīn），白马黑鬃的"骆"（luò），纯黑的"骊"（lí），鬃尾黑色红马的"骝"（liú），暗色面颊白的"駹"（máng），青白相间的"骢"（cōng），赤毛白腹的"騵"（yuán），胯白身黑的"骕"（yù），黑色的"驖"（tiě），后右足白的"骧"（xiāng），前足全白的"騱"（xī），杂色有斑的"驳"（bó），赤色的"骅"（huá），臀白毛的"騴"（yàn），背黄身黑的"騽"（xí）。表示马的大小的：驹为小马（两岁以下）或六尺以下的马，駣（zhāo）为三或四岁的马，骄、馯（hàn）为六尺的马，六尺以上为普通马，騋（lái）为高七尺的马，龙为八尺以上的马。代表名马的有駃騠（jué tí）、驵（zǎng）、骁、骏、骜（ào）、骅骝（huá liú）、騉蹄（kūn）、骕骦（sù shuāng）、骐骥、绿駬（ěr）、騕褭（yǎo niǎo）。代表劣马的有骀（tái）、驽，代表雄马的有騲（cǎo）、骘（zhì），代表雌马的有騇(shè)，代表阉割过的马的有騬（chéng）、骟（shàn），形容跑得快的马的有驰、骋、馺（sà）、骎（qīn）、骧等。

马有几个特别之处。一是眼睛。瞳孔上下扁，左右宽，在很远处就能看见猎物和敌人，这与其祖先生活在开阔的草原有关。

二是鼻子。马鼻子分呼吸区与嗅区两部分，呼吸区位于鼻腔前部，能分泌黏液，净化鼻腔；嗅区位于鼻后上方，这里嗅神经密布，能感觉植物的种类和水质优劣。行走时嗅区呼吸常作响，是在排除异物，以保证通畅无阻，发挥其嗅神经细胞的作用。相传春秋时，春暖花开时，山戎国侵犯燕国，管仲跟随齐桓公率兵援燕，打败山戎孤竹国已春去冬来，沿途景异，齐军迷路，桓公焦急万分。此时管仲说，让士兵牵几匹老马在前面引路，大军随后，终到齐国。这就是老马识途的故事。老马凭其敏锐的嗅觉与记忆而识途。

三是耳朵。马耳不同的姿势表达不同的语义。竖耳微摇，表示"很高兴"；耳前后不停摇动，表示"不高兴"；耳向后边静倒，表示"兴奋"；耳耷拉两边，表示"疲劳"；耳向前耷拉低头，表示"想休息"；耳高扬两边直竖，表示"紧张"；耳扬起来不停摇动，表示"害怕"。

四是触觉。马的触觉特别灵敏，能通过识别空气中的微量水汽探寻到几公里外的水源。马能站着打盹，可睡得很香。如今养在马厩里，不忧野兽袭击，就卧在草垫上睡，但也有站着睡的。

五是合群性。草原家马群牧饲养，因此，牧马人常调教头马一匹或几匹，因马群常由一匹或几匹头马来带动行动。

马能强国，故历代均有马政，负责育马、选马、放牧、御车、选育、调教、管理、市易等马事。周设专职官吏选育公马，秦设"司马"，汉设"大司马"。会不会驾车是古代衡量知识分子的标准之一。孔子教育学生的"六艺"即礼、乐、射、御、书、数，"御"就是驾车，因那时马是代步工具。春秋时有个擅长相马的人，名声远播，人称伯乐。有个卖马人牵着一匹好马上马市，一连三个早市无人问津。卖马人请伯乐去他马前站一下，离开后再回头看两眼。果然，买马人纷纷前来洽谈，马价一下涨了十倍。

唐代改良马种规模最大，体质健壮，体形优美，更奇的是前后肢均能向后打弯，马匹奔跑如飞，身轻似燕。（柯云、尚美，《马年赏马文》，《张家界日报》，2014-01-22）另有为夸耀唐太宗战功而雕造的"昭陵六骏"浮雕：白蹄乌、特勒骠、飒露紫、青骓、什伐赤、拳毛䯄。传说周穆公驾"八骏"西游昆仑山，拜会西王母。这八骏分别为：赤骥（火红色）、盗骊（纯黑）、白义（纯白）、逾轮（青紫）、山子（灰白）、渠黄（鹅黄）、骅骝（黑鬃黑尾的红马）、绿耳（青黄）。项羽骑乌骓反秦，纵横天下。我国的良马有新疆伊犁马、内蒙古三河马、青甘川交界的河曲马"三大良马"。还有蒙古马、哈萨克马、巴里坤马和伊吾马。

白龙马。在《西游记》中，白龙马是西海龙宫小白龙变成的。唐僧骑它前往西天取经，取经事成，小白龙不愿再回西海龙宫，想找个清静地方。它走到蓬莱仙山，可早有八仙在那修行，只得再往西找。一天它来到商洛山中，见此地三面环山，一面临水，就住下了。说也怪，此后这里风调雨顺，五谷丰登，百姓高兴，就称此为"马寨"或"龙寨"。一天唐玄宗游至此，觉得应起个好名字，想着想着便睡了，梦到玉帝说："别费神了，叫'龙驹寨'正好。"玄宗蓦然醒来，挥笔书写这三个字，正要叫人刻成金匾挂起，一阵清风拂过，纸突无踪影，只听空中传声：别只让百姓看在眼里，要让百姓记在心中。

赤兔马。在《三国演义》中，赤兔马高大，全身毛色如火般红亮。其最初的主人是吕布，时人云"人中吕布，马中赤兔"。吕布被曹操俘杀，赤兔马成战利品。曹操在大破刘备战役中，因欣赏关云长的忠诚与光明磊落，将赤兔马赠予关羽，赤兔马从此随关羽南征北战，屡建奇功。（柯云、尚美，《马年赏马文》，《张家界日报》，2014-01-22）

的卢马。该马为刘备坐骑，刘备投靠刘表，兵屯樊城（今湖北襄阳东），刘表虽以礼相待，却惧怕刘备。有次刘表宴请刘备，部下欲于宴上抓刘备，刘备察觉到，假装上厕逃跑。可的卢马掉进城西檀溪中，被陷难出，刘备着急道："的卢，今太危险，加劲吧！"的卢一跃三丈，过了檀溪。刘表追兵赶到，无奈以刘表名义辞谢曰："为何走得如此匆忙呢？"马跃檀溪，险处逢生。

金马之神。阿育王有三个儿子，都喜欢毛色如金的神马。阿育王让他们都去捉，谁捉到归谁。王爱三子至德，私下把马笼套给他。三兄弟追到今昆明附近的东山，至德用马笼套逮住了金马，故今之东山又名金马山。（柯云、尚美，《马年赏马文》，《张家界日报》，2014-01-22）

马头琴。传说草原上有个叫苏和的穷苦孩子，幼丧父母，与奶奶相依为命。有天，他见一气息奄奄站不起来的小马驹，就抱它回家，精心护养，竟成了一匹漂亮大马，毛色银白，飞奔时，人们只见一条白线，苏和喜极。一天王爷举行敖包赛马，他骑着白银马参赛，夺得第一。王爷看上白银马，取银子换它，苏和道："我是来赛马，不是来卖马的。"王爷大怒，命手下乱棍把苏和打走，抢走了白银马。苏和伤心极了，不能入睡，忽然听见包外"咴咴"的叫声，一看是白银马回来了，可马身扎着七根毒箭，白银马见到苏和便倒地了，苏和抚摸着马毛，马舔着苏和的手，难舍难分。白银马流血而亡，苏和泪水如注，忘不了白银马，取下一根马骨，雕成马头，又用马尾作琴弦，做成一把马头琴，成天不断拉琴，表达思念白银马，向往美好未来之情。

白马寺。东汉明帝闻西域有佛教，就遣郎中蔡培等人于永平七年（64）出使天竺（印度）求法。蔡等到达大月氏国（阿富汗一带），遇天竺沙门（高僧）摄摩腾和竺法兰，学佛教经典，得释迦牟尼画像和《四十二章经》。永平十一年（68），蔡邀二僧同返洛阳，在鸿胪寺（接待外国使节处）传经布道，将《四十二章经》译成汉文。为纪念白马驮经之劳，明帝次年下令在洛阳雍门外建"招提"（寺庙），取名"白马寺"，史称"永平求法"。从此佛教在中国传播。2000年来，几经兵火破坏，唐武则天、宋太宗赵匡义下诏令重建，皆为白马寺鼎盛时期。明嘉靖三十四年（1555）整修扩建，奠定今寺的格局和规模。腾、兰二僧之墓也在寺内。

露马脚，出于朱元璋夫人马皇后。宋朝以来，女人自小缠脚，以脚小为美，所谓"三寸金莲"。而马皇后自幼家贫，下地干活，留下大脚，她是元末起义军郭子兴的义女，朱元璋加入郭义军后，得郭赏识，将义女许配元璋为妻。马皇后并不漂亮，却温柔端庄，举止大方，聪明过人（如得之朱皇帝欲建"文明楼"，汇聚开国功臣，借故失火以杀功臣的消息，让亲信送桃、枣各一盒给刘伯温，刘知意为"早逃"活命，终于免难），会见客人总遮掩脚于大裙之下。一日马皇后游兴大发，坐轿浏览古都风景，百姓闻之都翘首而望，不料一阵风起，轿帘卷起一角，大脚被不少人看见，传遍京城。

拍马屁。本是魏晋南北朝时北方游牧民族的礼节风俗，人们骑马相遇总要拍对方马屁股称赞"好马！好马！"。而今却成趋炎附势、阿谀奉承行为的代名词。明朝熹宗因魏忠贤的请奏，下令赛马。赛时，京城武官持鞭上马，精神抖擞，跃马挥鞭，几百马匹如离弦之箭前奔，而魏忠贤只手拍马屁股三下，马腾四蹄快似闪电，领先夺冠，熹宗疑而问魏："你的马无鞭抽反而跑得快，难道是神马吗？"魏道："皇上，奴才之马非神马，是奴才识马性，要马跑快，绝不抽打，只需在马屁股轻拍三下，马就瘙痒难忍，必奋力前跑。说穿了，我的妙法就是'拍马屁'三个字呢。"皇上听罢拍掌大笑，竟下令称以后朝廷内外事俱由魏忠贤掌管。魏马上跪下接旨。从此埋下魏忠贤专权的恶根。

马大王，指的是赵国好"纸上谈兵"的赵括，人称"马服子"，其父是善用兵而被赵惠王封为"马服君"的赵奢。陕西人最爱吃"biáng biáng 面"，传说是为了纪念秦赵"长平之战"。此战由赵括指挥，结果 40 万赵军被秦将白起活埋，赵括却"坐车回咸阳"，人称"马大王"。赵氏后人蒙羞，深以为耻，就改用赵奢封号"马服"为姓，简称"马氏"。"biáng biáng 面"的"biáng"是个方言字（𰻞），共 61 画（糸、馬、長都是繁体字），陕西人念着口诀写："一点飞上天，黄河两道湾；八字大张口，言字往里走，东一扭西一扭；左一长右一长，中间加个马（大王），心字底月字旁，留个钩搭挂麻糖，坐个车车逛咸阳。"既念史事，更嘲讽"马大王"赵括。

含"马"字的词语很多，成语有110余个，褒义为多，如一马当先、马到成功、龙马精神、问牛知马、马不停蹄、马不入厩、倚马可待、马头草檄、车水马龙、车攻马同、枚速马工、快马加鞭、老马识途、兵强马壮、千军万马、人欢马叫、伯乐相马、率马双骥、金戈铁马、下马看花。贬义的也有，如瞎马临池、心猿意马、马耳东风、人仰马翻、非驴非马、驰马为驹、害群之马、声色犬马等。

口语俗语：老将出马，一个顶俩；马老识途，人老识强；马老鬃毛长，人老见识广；人是衣裳马是鞍；马不转二鞍；一言既出，驷马难追；路遥知马力，日久见人心；马要好，吃夜草；马无粮草不能行；马走斜，相走方；马后炮，赶不到；马挨炮，不伤耗；马上摔死英雄汉，河中淹死会水人；人无外财不富，马无夜草不肥。

日常生活中与马相关的事物也很多，古式建筑的房子有"马头墙"；出行代步的"马车"；现代的公路，俗称"马路"；十字路口边的"斑马线"；上城墙之道叫"马道"；盲人探路的竹竿叫"马竿"；行路照明能遮风挡雨的"马灯"，即"围灯"；现代女性多留长发，不时拉至脑后扎一束，称"马尾辫"；胡琴有"马头琴"；拉弦琴上的拉弓用的是"马尾长毛"；戏剧角色的旦角有"刀马旦"；元宵灯会有"走马灯"；形容少年男女无拘束地一起玩耍亲昵、嬉戏长大的"青梅竹马"；皇帝女婿称"驸马"；古代神话蚕神"马头娘娘"；下象棋有"马前卒""马后炮""马走日"等；衣服背心称"马甲"，清朝旗人男子穿的上衣"马褂"等。事出破绽叫"露马脚"；巴结媚上叫"拍马屁"；盛饭舀水的木勺叫"马勺"；装尿屎有盖的桶叫"马桶"；折叠方便的小坐具叫"马扎"；圆形小闹钟叫"马蹄表"；黄板纸叫"马粪纸"；镀锡的铁叫"马口铁"；装饰墙面的"马赛克"；蒙古族常见乐器"马头琴"；动物表演叫"马戏"，称杂技团为"马戏团"；电动机俗称"马达"；动力功率叫"马力"；体育中有"马球""马吊牌""马家军""黑马"等；中国旅游标志"铜奔马"；"跑马溜溜的山上"的《康定情歌》；等等。

与马有关的歇后语如：马棚里伸腿——出题（蹄）儿，马背上挂掌——离题（蹄）太远，马高蹬低——上下两难，马尾穿豆腐——提不起来，没笼头的马——乱套了，秦琼卖马——忍痛割爱，关老爷卖马——周仓不肯画押，秦琼的黄骠马——来头不小，劣马装麒麟——迟早会露脚，马脖上的铜铃——叮当响，骑马逛灯——走着瞧，骑马逛公园——走马观花，马杓掏耳塞——深不下，马褂改裤衩儿——大材小用，骑马打瞌睡——睁只眼闭只眼，家门前的马路——公道，马蜂窝——捅不得，小马跟着娘走——空去空回，是骡是马——拉出来遛遛，马鞍套在驴背上——对不上号，屏风马坐等巡河炮——以逸待劳（下棋以马破炮），马蹄上的瘤子——不痛不痒，马放南山、刀枪入库——天下太平，马粪球、羊屎蛋——表面光，马脱缰绳鸟出笼——永不回头，马谡用兵——言过其实。

民间"马"俗，一是赛马活动。广西苗族地区每年进行两次"斗马",十分激烈。两匹公马争斗,要斗上几十个回合才出胜负,败者退出,直到战胜所有参赛的马,才算第一名。黑龙江满族聚居地的"跳马",赛马速奔时,骑手急速横跃马身,动作敏捷,飞身敌骑,施展擒拿技术。鄂温克族每年要举行"套马",骑手瞅准要套的马,飞速策马奔去,追上后甩套马杆,用半圆形的皮绳圈套住马后耳、下颊处即成。蒙古族有"马球",双方队员持"T"型拐棒,骑在马上击球射门,纵马相追逐,场面激烈而风趣。

二是婚俗马。马压轿:压轿目的是镇邪祟,佑新人,平安到夫家。压轿者(新娘兄、姐夫、表兄)骑枣红马,戴礼帽,穿长衫,走轿前,左手拉缰绳,右手持黄表(祭祀专用黄纸,折成条形),遇庙寺、路口、水井、巨石,便下马压一张,并作个揖,求各路神灵保佑新人一路平安。跨马鞍:新人嫁到男家,下轿要跨过男家门口马鞍,号曰平安。民间有"人跨马鞍,一路平安"的俗语。也有新娘下轿,新郎迎上,双双跨鞍,取双双平安、爱情忠贞、白头偕老之意。马夺帽:蒙古族杜尔伯特的风俗。新郎头戴红缨帽,腰挂鸳鸯剑,肩背月牙弓,跨着银鬃马,与数骑手同行送客人回家。一出村,女方骑手突转马头,齐抢新郎帽。若被抢未夺回,男方要返回重宴招待客人,答应条件,甘拜下风,欢乐冲淡遗憾;若保住或夺回,女方宾客只好返回。不忘马:陕西东府渭北风俗,接亲花轿到门口时,迎姑(男方迎新娘的已婚妇女)要手端象征浑全圆满的两只小馄饨和干草节、豌豆、彩纸屑。晚上,新郎趿上新娘送的新鞋,拿上未缝严的枕头和尺,来马房,给马槽添草、撒料，再抓把草填枕头，用尺塞实。大喜不忘马，望槽头兴旺，日子红火。

三是春节马。腊月二十三祭灶，送灶王骑"马"上天，再从集市请回新钱马，除夕贴于灶王神位。门神画秦琼敬德骑马。春联少不了"马到成功""春风得意马蹄疾"之类，所贴年画均有马驮摇钱树。元宵有跑竹马、放打马、马马灯、马社火等，还要骑假马、踩高跷、搭弓箭、射怪兽、求平安。

文学艺术中的"马"。诗词如《诗经·鲁颂·駉》："……薄言駉者，有骄有皇（騜），有骊有黄，以车彭彭。……有骓有駓，有骍有骐，以车伾伾。……有驒有骆，有骝有雒，以车绎绎。……有骃有騢，有驔有鱼，以车祛祛。"三国时期曹植《白马篇》，全诗28句，写"白马饰金羁，连翩西北驰""仰手接飞猱，俯身散马蹄""弃身锋刃端，性命安可怀""捐躯赴国难，视死忽如归"的游侠风貌与风采。唐宋时李白、司马光的《天马歌》："天马来出月氏窟，背为虎文龙翼骨。嘶青云，振绿发，兰筋权奇走灭没。""大宛汗血古共知，青海龙种骨更奇。绒丝旧画昔尝见，不意人间今见之。"卢照邻的《紫骝马》："骝马照金鞍，转战入皋兰。塞门风稍急，长城水正寒。雪暗鸣珂重，山长喷玉难。不辞横绝漠，流血几时干。"毛泽东词《忆秦娥·娄山关》："西风烈，长空雁叫霜晨月。霜晨月，马蹄声碎，喇叭声咽。"《十六字令》："山，快马加鞭未下鞍。惊回首，离天三尺三。""山，倒海翻江卷巨澜。奔腾急，万马战犹酣。"何等激烈，何等气派！仙居林白的《劝战马》："汗马功劳定九洲，横磨十万快恩仇。无何坦克排出山，遂使灵蹄伏枥休。耕地不如黄牸力，拉车反惹瘦骡羞。南山寄食非长策，杂技团中试矫柔。"

对联。一为自志联。方志敏："心有三爱，奇书骏马佳山水；园栽四物，青松翠竹白梅兰。"田汉巧对游人有感而发的上联："二河两岸双江口，单人独马一杆枪。"此联上下各三个数词，且其上联又是个数词"二"，联志高远，意为不怕艰难、勇于向前。洪秀全定都南京的寝殿联："马上得之，马上治之，造亿万年太平天国于刀马锋镝之间，斯诚健也；东面而征，南面而征，救二十省无罪良民于水火倒悬之余，是曰仁人。"此联生动描写了推翻清政权的战斗、与马的亲密关系，表达惩奸除恶，救民于水火的良好初衷。二为嘲讽联。张澜先生贴于自家鸡笼狗圈旁的春联："拍马吹牛，是真类狗；攀龙附凤，何若养鸡。"此联针对吹牛拍马劣风，辛辣讽刺。有人贴于大奸臣马士英府门外的联："闯贼无门，匹马横天下；元凶有耳，一兀直捣中原。"此联明骂李闯王为"贼"，"闯"字无门为"马"，"元"字有"耳"为"阮"，实骂马士英是个大奸贼，阮大铖是祸国殃民的真"元凶"。

有副歌颂改革开放、经济发展，期望昌盛、稳定、美满的长联："万马奔腾，群瞻马首，遍中国，人欢马叫，快马加鞭，充当马到成功，旗扬马到操全胜；九龙飞舞，端赖龙头，普天下，虎踞龙盘，神龙现爪，更喜龙传精神，笔走龙蛇颂太平。"

谜语。一种是用诗歌形式作谜面，形象直接。如："老骥伏枥志千里，的卢一跃过檀溪，邀得伯乐王良顾，一日千里不停蹄。""嘴厚脸长鼻子大，打仗拉车都用它，脚上加层铁钉板，驰骋千里本领大。"一读就知谜底是"马"。又如"说它是马也不错，只是身上黑道多"。"父亲像鱼，母亲像马，生个儿子好像马。"稍一转脑就可知这两则谜语的谜底，为斑马和河马。有种马谜语，如"缶——猜一抗日英雄"，就得用十二生肖与相对应的地支相互扣合来猜，"缶"字折成两个字是午、山，午就是马，马在山中是占领。这位抗日英雄是马占山。又如"蛇年过后壬午来"猜汽车品牌"马自达"；"午后来灵感"猜现代音乐家马思聪；"午后进川"猜元曲作家马致远；"朝来初听马蹄声"猜三字口语"天晓得"，朝来即"拂晓、天晓"，得的是马蹄声。

散文如唐代韩愈的寓言性杂文《马说》，提出"世有伯乐，然后有千里马。千里马常有，而伯乐不常有"。小说有短篇小说峻青的《马石山上》、李准的《卖马》。电影剧本有李准的《龙马精神》和《牧马人》，郑振铎的翻译小说《灰色马》。戏剧如传统剧目《马屋放奎》、传奇剧《马陵道》、评剧《马寡妇开店》，戏剧曲调马头调、马灯调，器乐有马头琴（胡琴）等。

绘画艺术。岩画，如宁夏贺兰山岩画中的马，新疆阿勒泰塔合图别克山区的《一人三马图》，内蒙古克什腾旗达里诺湖畔砧子山的群马奔驰岩画，还有部落成员骑马狩猎场景图。唐代韩干的《牧马图》，描绘了一位虬须戴巾、腰插马鞭的奚官准备外出放牧的情景；《神骏图》描绘的是支遁（和尚）爱马的故事。他坐于岸边石床上，肩负锡杖，对坐友人高冠博袖，身边一胡人侍从臂托苍鹰，左侧一少年手执毛刷，执驭良驹。被后人称为"天下绝艺矣"的李公麟，奉旨摹韦偃的《牧马图》，表现了马夫放牧皇家马驹的壮观场景，共画了 1286 匹马和 143 个人，显示出大唐帝国的强盛，展现了作者集群马成势的艺术功力。元代著名画家、楷书四大家之一的赵孟𫖯，其名画《浴马图》《八骏图》《郊原牧马图》，后两画均有一位牧马人、八匹骏马在一棵大柳树下，或伏地，或站立，或相拥挤，色彩外貌准确生动，栩栩如生。现代画家徐悲鸿，最有名的作品是《奔马图》。1978 年 5 月 5 日，邮电部发行《奔马》邮票，全套十枚，马年挂历多有此画。1951 年首枚邮票图就是徐悲鸿创作的《奔马》。1990 年发行的秦始皇陵铜车马邮票，从另一个侧面反映了马在国家、军队中的重要作用。

植物中的"马"，多有药用。性温味苦，有剧毒，消肿止痛，治咽、痈、风痹痛的马前子；性寒味酸，清热解毒，治肠炎、菌痢、丹毒的一年生肥厚多汁的马齿苋；性凉味苦，清热解毒，破血通经，杀虫消肿的多年生草本马鞭草；性寒味苦，清肺降气，化痰止咳的多年生缠绕蔓生草本马兜铃；性平味辛，收敛止血，清肺利咽，子实体扁圆或球形短柄的马勃；性寒味苦，清热燥湿，解毒消炎的马尾莲；性温味苦涩，清凉解毒，活血化瘀，治疗疮烂脚、扁桃体炎的落叶小灌木马棘（山绿豆）；性平味辛，祛风利湿，清热解毒，治湿热黄疸、水肿、发烧、下肢湿疹的多年生草本马蹄金；性温味苦涩，祛风利湿，活血镇痛，安神益胃，治皮肤瘙痒、牙痛遗精、跌打损伤的常绿乔木马尾松；性平味甘苦，消炎镇咳，活血接骨，治气管炎、骨折的落叶灌木马扫帚（重花胡枝子）；性凉味微辛，舒肝解郁，清热利湿，消肿拔毒的小灌木白马骨；性微温味微辛，祛风除湿，活血散瘀的直立亚灌木走马胎（大叶紫金牛）；性平味酸，根祛风消肿，舒筋活络，茎叶发汗利尿的直立亚灌木走马前（走马风）；性凉味苦辛，清热解毒，理气治痛，凉血止血的多年生草本马兰头（山白菊）；针有剧毒、蒴汁能杀毛虱和农作物虫害，可洗疥疮的常绿小灌木马醉木。作为观赏的植物有马褂木（鹅掌楸），高40米，落叶乔木，马缨丹、马缨花等。

马在史事记载中多有出现。春秋晚期，晋国卿大夫在侯马盟誓，其誓约史称"侯马盟书"；1856年，广西西林县处死法国违法传教士的"马神甫（马赖）事件"；1874年，英国人迫不及待地寻找进入西藏的时机，此时发生的"马嘉理事件"正好提供了机会；1884年，法国海军入闽江口突袭福建水师的"马尾之战"，也称"马江之战"；1895年中日甲午战争结果的《马关条约》；1927年5月21日，"四一二"反革命政变后的湖南长沙"马日事变"，起此名的原因为事变这天中文电报用韵目"马"字代表21日。考古发现中，有"马家浜文化""马坝人化石""马家窑文化""马王堆汉墓""秦皇陵兵马俑"等。含"马"的地名有吉林关马山城，浙江上虞白马湖，江西洗马池，河北的马厂、马服，河南驻马店，广西马山县，云南马龙区、马关县，四川马湖、马边县、马尔康县，贵州马场坪镇，武汉阅马场，甘肃马鬃山，安徽马鞍山，福建马祖列岛，上海马桥，等等。仙居有40多处与"马"有关的地名，如溪港的白马山、白马经坑等，大战一带的三马岩、马蹄岩、响马岩、后马村，步路战马岩，上张马鞍山、马四垟、马岩头，下各马垟，城关马鬃岭，横溪马林街，白塔马坎头，等等。

名人"马"更多：三国蜀国将领马超、马谡，名士马良，"龙骨水车"发明者马钧；唐代僧人马祖，唐代德宗时名将马燧；南宋抗金义军首领马扩，画家马远；元代戏剧家马致远；明初马皇后，航海家马欢、郑和（本姓马，名三保），明代大臣马文升，权臣马士英，明末抗清将领马进忠；清末语言学家马建忠；近代教育家马叙伦和马君武，民族史学家马长寿，京剧名演员马连良，体育教育家马约翰，经济学家马寅初，作曲家马思聪，回族抗日英雄马本斋；现今名人马凯、马云、马龙；等等。

神马展翅游天宇，家骏奋蹄铺绿原。

万马奋蹄扬雅韵，六畜绣绿满神洲。

羊年说"羊"趣

马吟长治曲，羊咏久安诗。马年去，羊年来，羊儿咩咩叫，趣花艳艳开。神话传说，谐音通假，羊喻丰富，羊俗多彩，诸事牵连，互成情趣。

"羊"字甲骨文是羊头的形象（♈），羊头的形象特别突出，弯卷的羊角，中间一竖勾出羊脸的尖瘦，是以局部替代整体的造形法。上古时代，羊是祭祀常用的牲品，是人类用以向神灵祈求吉祥的动物，《说文解字》曰："吉羊也。凡羊之属皆从羊。"故视其为吉祥的象征。西汉大儒董仲舒云羊，祥也，故吉礼用之。古代所说的"六畜""五牲""三牲"中，羊均占一席之地。可见羊与人类的密切关系。一个人、一个部族获得的羊越多，就越富有。

传说中，羊为天宫神羊，是仙人乘骑。汉代刘向《列仙传》载，周成王时，羌人葛由"好刻木羊卖之。一旦骑羊而入西蜀，蜀中王侯贵人追之，上绥山。绥山在峨眉山西南，高无极也。随之者不复还，皆得仙道"。又远古洪荒，天宫御田，种有五谷（稻、黍、稷、麦、豆），大地却无，只有菜草，人类肌瘦，有气无力。有年秋天，神羊下凡，了解此况，深表同情。神羊深知玉帝吝啬，不愿分享，夜半趁守神熟睡，溜进御田，摘五谷种，含在口中，交给五仙。趁天未亮，五仙穿彩衣，衔五穗，骑白羊，降临楚庭（广州古名），吐出谷穗，赠给百姓，交代种法，祝福"永无饥荒"。言毕仙隐，羊则成石。广州因之得名"五羊城""羊城"，简称"穗"。仙人骑羊，以示吉祥，古代宫中有羊车，多为帝王乘坐，亦叫"帝车"。

五谷种植，收获喜人，穗似羊角，又像羊尾，弯长壮实。百姓感恩，农家祭祀，盛祭神羊恩，震惊天宫帝。玉帝得知神羊偷五谷种，迁怒神羊，即命天官宰杀神羊于人间，又令百姓吃掉羊肉，以解心头之恨。谁料次年，行刑之地长出青草，又生出羊羔。从此之后，羊在人间，吃草献肉献奶献皮毛，滋补人类，温暖人心。所以说，羊是一位同希腊神话中的普罗米修斯一样伟大的存在。普罗米修斯因盗天火给人间而被送上祭台，羊则因盗五谷种子给人类而舍生取义。所以当人们听说玉帝要挑选十二种动物为人们当属相后，一致举荐羊作属相。尽管玉帝对羊盗五谷种子耿耿于怀，但难拗众人意见，只好同意。因羊代代盛发，受益很大，正如民间谚语云："羊子养羊子，三年一房子。""养羊种姜三倍利。"

照历法推算，2015 年是"金羊年"，转年是"木猴年"。配羊的地支字是"未"。"未"字甲骨文像树木枝叶重叠、繁茂兴盛之形，故"未"有繁茂之意。"未"即"味也"，所代表的意义是：果实成熟而有滋味，意味着收获，"未"是地支第八位，是 13—15 时，据说此时羊吃草并不影响青草生长，草根生长力仍强，故未时属羊。（李土生，《十二生肖：生命的密码》）

俗话说："羊马比君子。"羊马均为十二生肖的动物，马以忠诚、勤劳、灵性被人称赞；羊以善良、慈孝被人赞颂。古人称羊为孝兽。羊吮母奶，其膝跪地，以报母恩。故有联曰："攀崖附壁，跪乳奉亲。"古时羊通"祥"，羊者，祥也。古器物铭文，"吉祥"多作"吉羊"。《汉元嘉刀铭》："宣侯王，大吉羊。"羊自古被视为吉祥之物。羊又通"阳"。旧时新春祝吉，常用语与常贴画中就有"三阳开泰"。"泰"是《易经》阳卦之一，旧历十月为坤卦，乃纯阴之象；十一月为复卦，一阳生于下；十二月为临卦，二阴生于下；正月为泰卦，三阳生于下，此时天地交，万物通，天地气相和，主顺通。"三阳开泰"图绘母子三只羊，母羊护子，子羊依母，充满慈爱祥和气氛，象征大地回春，万物滋生，吉运当头。在中国人心目中，羊还体现出坚贞、正义。王充《论衡·是应》载：唐尧之臣皋陶治狱，辅以独角之羊。此羊对嫌犯"有罪则触，无罪则不触"，极为灵验。战国时，秦楚等国御史、狱吏等执法者皆穿带有独角神羊图衣，以示庄严神圣。

马有飞马，羊有飞羊。浙江仙居境内就有"飞羊"，不少地名就是谐音借用，"羊"变作"垟"。传说这只"飞羊"，自东向西飞到白塔镇的羊头村（今更名为永安村）时，不知怎的割去羊肺，断了羊头，而羊头的身仍在飞翔，羊头直飞到横溪镇大林村西南三里处，羊头着地，羊身续飞。落地羊头顷刻成石，酷似羊头，人们以此命名该村为"羊头村"。羊与"垟"同音，后来才变"羊头村"为"垟头村"。只可惜此石在平整土地时，被炸而不存了。羊头落地，羊身仍飞，直飞到杨岸港的上湾村东那片河谷平原的西端，才掉下港溪南侧，后脚直伸，插入南山中，羊肚朝西，前脚后曲，紧靠断颈，顿时化作巨石，拦着半条溪水，并成了一口深潭。据说明清时代，潭水清碧，深不可测，大鱼成群，屠之无获。清末民国初，沙石填潭，潭已渐消。就这样，"羊""垟"同音，潭名"垟飞头潭"，潭东小村名叫"垟飞头村"，河谷平原称"垟飞头垟"。这里的"头"是尽头、结束之意。

羊，多种多样，有角尖毛直、善于跳跃的山羊；有吻长肢短、毛密卷曲、角有螺旋的绵羊；有角短尾短、毛黄光泽的黄羊；有尾短尖、毛密集、角扁直、腹白肢灰白的藏羚羊；有角小色黑颔无须、角基轮纹似山羊、毛厚松软色多变；夏暗冬灰黑（或深棕）的青羊；有尾短耳小、雄角粗大（长一米）向下扭曲状螺旋、外侧环棱颏无须、胸腹黄棕臀白斑的盘羊；有头长狭耳短小、角粗大向上再分侧向后、内侧纵嵴、背毛冬黄褐颊腹白，敏捷善跳害农业的岩羊；有毛白无角、体长肢高尾扁圆、耐热耐湿、舍饲早熟、繁殖快乳汁好；羔皮柔软花纹美、盛产于杭嘉湖和江苏太湖边的湖羊；还有专供乳汁的奶羊和专供肉的肉羊；等等。俗语云：绵羊一身宝，贪狼两眼红。羊的毛皮制衣暖和身，纯皮制鼓又做筏，细毛纺线好织衣，绒毛做毯乳肉食，羊毛制笔留书，永传世间。

民间"羊"俗。我国许多兄弟民族的文化生活，与羊联系密切。古尔邦节期间，新疆的哈萨克、柯尔克孜、塔吉克、乌孜别克等民族，每年举行刁羊、赛马、摔跤等活动。刁羊活动时，先长者祈祷，参加者则在马上向长者祝福，接着，长者放只羊羔于指定地点。赛令一响，骑手们飞马夺羊，夺得羊羔的骑手优胜。客人来柯尔克孜人家里，主人往往杀羊招待。羊头肉最尊贵。先送块羊头肉给客人吃后，再割两块分送在座的长者和幼者，接着，主人请客人吃羊尾油和胛骨肉。这时，客人也要分出一些给主人家的妇女和小孩表示回敬。

仙居旧俗，至亲有喜事时，需牵羊扛酒，白羊红颈，酒坛红盖，重礼祝贺。佛殿庙宇，祈福消灾，许愿求福，求雨抗旱，若已如愿，必"猪羊还愿"，以表感恩诚意。古代祭祀天地祖宗，必用"三牲"（猪、牛、羊）。旧时年节，富家杀猪宰羊，整猪整羊置案头，焚香烛，放鞭炮，贴对联门神，先拜天地神灵，再拜列祖列宗，以祈来年五谷丰登，老少平安健康，就是一般人家也要猪头整鸡，辞年祈福。方言叫"逝年"或"齐年"，"逝、齐"同音，实为"辞（旧）年"。辞者，告别也。此俗至今还在农村中流行。如今传统风俗不多见，富家更摆阔气派，无论何宴都进酒店，除夕团圆饭，家中锅灶无炊烟，尽显一种懒惰风，失去此餐原先之意了。

以羊喻意，伸手可得。成语中，以"羊质虎皮"喻外表吓人而实际无用；以"羊公之鹤"喻名实不符（羊公，即晋武帝时的征南大将军羊祜）；以"羊左之交"（羊指羊角哀，左指左伯桃）喻生死之交的朋友；以"羊入虎群"喻善良人落入坏人手中，处境极端危险；以"羊狠狼贪"喻贪官污吏对人民残酷的剥削与压迫；以"亡羊补牢"喻出了问题以后想办法补救，以防再次受损；以"羊肠小道"喻指心胸狭窄的人；以"顺手牵羊"说明拿走别人东西之易；以"歧路亡羊"告诫人们凡事莫慌张，要冷静分析，理清思路，做出正确判断，否则会误入歧途。俗语中，以"羊世人"喻人胆小；以"小绵羊"喻温柔听话；以"挂羊头卖狗肉"喻贩卖假冒伪劣之货；以"羊群走路靠头羊"或"羊群看头羊，雁群跟头雁"喻指一个团队或企业，其领导者的人品素质是何等重要；以"羊毛出在羊身上"喻表面上用于某人的钱物，其实还是出自某人或某些人自身。有个谜语曰："家在草原，苏武曾伴，身献人间。"此谜底也是"白胡老头，带袋黑豆，边吃边漏"的谜底，即羊。

歇后语如："羊肠小道——弯弯曲曲。"本指道窄而不直，难走危险，引申喻人说话转弯抹角，很不爽直。"羊无犄角——狗相。"喻人变态。"绵羊口黄牛嘴——真能嚼。"引申为能说善辩。"羊粪蛋下山——滚蛋。"既指羊粪特点，又引喻为人圆滑。而羔羊，即小羊，则喻天真、纯洁或弱小的人。

"羊"字入姓氏、地名、人物名，也很自然。羊姓，如西汉文士羊胜，西晋大臣羊祜和羊琇，南朝梁泰山梁父羊侃。还有复姓羊舌、羊角，如春秋时晋国卿羊舌肸 (xī)，战国时燕国羊角哀。古族羌人的一支叫羊同。地名，如太行山上有条萦曲如羊肠的羊肠坂，山西高平羊头山石窟，恒山的玉羊云游，陕西羊马河，山东小镇羊角沟，广东越秀公园的五羊山，湖北长兴的百羊寨，四川成都百潭边的青羊宫和岷江源头的羊膊岭，西藏当雄县的羊八井和湖面海拔约 4441 米的湖泊羊卓雍错，云南石林的"山羊窥视""山羊依偎""苏武牧羊"等景观，浙江缙云的白羊背山，仙居安岭的羊角尖、溪港的羊彭峡、下各的羊棚头、大战的羊平鸟、双庙的羊麻坑、朱溪的羊加平等等。物名，有以滚轮辗压土壤的机械羊足辗，古代筑在城墙与护城河间做障碍用的矮墙羊马墙，冰蚀地貌岩羊背（额）石等。

　　带"羊"字的草木，或作为食物，或入药疗伤治病，或作为造纸原料和其他用途。如：性寒味苦酸，凉血解毒、通便杀虫的多年生草本羊蹄（又名羊舌头、土大王）；性温味甘，养阴，补气益中，清热解毒的多年生蔓生草本羊乳（又名山海螺、老奶头）；性热味苦，有大毒，驱风祛湿，通经活血，杀虫止痛（孕妇忌服）的落叶灌木羊踯躅（又名闹羊花）；性温味酸甘，祛风止痛，消肿解毒的亚灌木羊耳菊（又名白牛胆、山白芷）；性凉味苦涩，祛风除湿，通经活络的攀援灌木羊蹄藤（又名龙须藤）；性温味辛微涩，祛风燥湿的木质藤本羊带风（亦名扁藤、腰带藤）；性凉味甘淡，润肺化痰，滋阴养胃的多年附生草本羊奶草（又名麦斛）；性寒味苦，清热利水，通经活络的落叶缠绕木质藤本羊开口（又名木通）；性温味辛气香，祛风除湿，行气止痛的小灌木羊脒木（别名岗松、铁扫把）；性寒味苦有毒，消肿止痒、杀虫，治疗癣的直立或攀援状灌木羊角扭（又名羊角藕、羊角拗）；性平味苦，解毒通便，治蛇毒哮喘的多年生草本或小灌木羊角豆（又名野扁豆）；性平味苦，清热解毒，补肺止血的陆生或附生多年生草本脉羊耳兰（又名毛慈姑、岩芋）；既可入药又可当菜的羊栖草；既是牛羊的主牧草，又作造纸原料的羊草；既可作为麻醉药，又可熏杀蚊虫和作农药的羊沛花；既用作绿化造林又可入药，既可作染料又可作造纸原料的羊胡子草；以及可食用的羊肚菌。甚至疾病名称也有"羊"：羊绦虫、羊癫疯、羊猝狙（传染病）、羊肠毒血病、羊鼻蝇蛆病等。

羊的所有器官都具药用价值。羊肉，性温味甘，能益气补虚，温中暖下，主治虚劳消瘦，腰膝酸软，产后虚冷，腹痛寒疝，尿频阳痿等。羊肝，性凉味甘微苦，能益气补肝明目，用于血虚萎黄消瘦，肝虚目暗，视力减退等。羊心，性温味甘，能补心舒郁，用于劳心悒郁、惊悸等。羊肾，性温味甘，能补肾虚，益精髓，用于肾虚劳损，腰酸背痛，耳鸣眼花，尿频阳痿等。羊肚，性温味甘，能补虚健胃，治虚劳过度、不思饮食、手足烦热、尿频盗汗等。羊睾丸（羊卵子），性温味甘咸，能补虚壮阳益精，治遗精虚寒、房事内伤、阳痿早泄诸隐疾。羊血，性平味咸，能行血止血补血、解毒去瘀，治产后瘀血闭血、胎衣不下、误食野草中毒等。羊脑，性温味咸，可治头痛、心悸、健忘、失眠、神经衰弱等。羊骨，性温味甘，能补肝肾，强筋骨，健脑补血。羊角，性寒味咸，能镇惊安心、明目平肝、益气，治头晕目眩、惊风癫痫、神志不清、头痛目赤等。羊奶，性温味甘，能益胃润燥，滋阴补虚、益精利尿，适于干呕、反胃、肠燥、便秘等。

文学艺术中的"羊"丰富多彩，且很吸引人。

诗歌。《诗经》中就有好几篇赞美羔羊，有"羔羊之皮，素丝五紽""羔羊之革，素丝五緎""羔羊之缝，素丝五总"之句。赞美羔裘，有"羔裘逍遥，狐裘以朝""羔裘翱翔，狐裘在堂""羔裘如膏，日出有曜"之句，说羊之用途有"牂羊坟首，三星在罶"。《小雅·莆田》："以我齐明，与我牺羊，以社以方。我田既臧，农夫之庆。琴瑟击鼓，以御田祖。以祈甘雨，以介我稷黍，以谷我士女。"《小雅·无羊》："谁谓尔无羊？三百维群。谁谓尔无牛？九十其犉。尔羊来思，其角濈濈。尔牛来思，其耳湿湿。"历代多有赞美与羊有关的人物，如文天祥的七律《咏羊》："长髯主簿有佳名，羱首柔毛似雪明。牵引驾车如卫阶，叱教起石羡初平。出都不失君臣义，跪乳能知报母情。千载匈奴多收养，坚持苦节汉苏卿。"《古今注》称羊为"长髯主簿"，首联便写出羊的特点，表达由衷赞美。颔联以史实与神话，进一步赞美，卫阶少时乘羊车，游洛阳，留下"卫阶羊车"这一成语。"初平"出自《神仙传》：皇初平初到山里牧羊，被道士引去修行，四十年未归，后其兄寻来，只见石头不见羊群，问羊何处，初平对石叱曰："起！"瞬间石变成羊了。颈联再赞羊的品德贡献，鲁国柳下惠以齐鲁同姓，鲁国宰羊盟誓劝退攻鲁齐军。羊跪乳报思，深明孝义。尾联借苏武牧羊守节典实，表明自己虽被金人俘逼，但绝不屈服，与苏武一样，可歌可泣。仙居诗人林白的《牧羊歌》曰："杯羹失国笑食饕，苏武吞毡牧亦豪。咩咩羔羊知跪乳，尖尖羝角警狼嗥。班侯投笔征尘远，秦将务文怀志高。万卷读书凭点划，千秋功德一霜毫。"这也是首"羊"诗佳作。

对联。有副流传民间、以牛羊鸣声入联，形象生动的对联："山羊上山，山碰山羊足，咩；水牛下水，水淹水牛鼻，哞。"

旧时四川某地一饮食店联曰："饮食便宜，任随你豁拳打马；银钱各照，谨防他顺手牵羊。"既是广告又告诉人提高警惕，简明而合情理。

清末广东滑稽大师何淡如约友人同游珠江，友人吟出上联："珠海船如梭，横织波中锦绣。"何淡如即兴对曰："羊城塔似笔，倒写天上文章。"各用比喻，想象神奇，有声有色，活泼形象。

从前有两个人，一位杨姓女子，一位马姓皮匠。女子自恃才学不凡，别出心裁，用对句择偶，以对上者为郎君。上联曰："羊毫笔写白鸾笺，鸿雁传书，南来北往。"此时正巧江湖马皮匠路过，即对出道："马蹄刀切黄牛皮，猪鬃引线，东拉西扯。"珠联璧合，才女无可挑剔，只得与皮匠结为伉俪。

表达讽刺之情的"羊联"也不少，如："王好货，不论金银铜铁；王寅虎，全需鸡犬牛羊。""王好货"是说春秋战国时代的齐宣王，惯于贪财，一见金银就眼红；"王寅虎"是个贪赃枉法、鱼肉百姓、无恶不作的县官王寅，寅是十二地支之一，相配于虎。

清朝中期，云南建水县天灾人祸交加，民不聊生，时人请当地叫曾彬的书生上京为百姓说几句话。曾彬沿途乞讨，来到京城，没有效果，反被差役打了几十大板，气愤之极，吟出一联："刑户吏礼工兵，大堂六部；马牛羊鸡犬豕，小畜一院。"此联蔑视朝廷六部，倾吐了百姓心声，实是妙联，故广为流传。

1930年2月，红军经过广西大苗山三防，三防团练局人员逃之夭夭，红军宣传队在三防团练局门口贴了一副对联，揭露国民党反动派内部乌烟瘴气的腐败之风，刻画了团练局上下假公济私的丑恶嘴脸，可谓入木三分，剔骨见髓。联曰：

"七寨诸公，猪公、羊公、狗公，谁谓无公？公内暗藏私，公心奚在？公道奚在？似此办公真刻薄！

"三防团练局，烟局、酒局、赌局，都成骗局。局分上下口，局内者甘，局外者苦，何时了局得升平？"

"一药一性，岂能指鹿为马；百病百方，焉敢以牛易羊。"这是挂在一家中药房的对联。上联嵌"指鹿为马"与"一药一性"相反，说明药物各有性能，不可混用；下联"以牛易羊"与"百病百方"相反，指应当对症下药，切莫错用药方。两个成语分嵌联中，精巧得很。此联既为广告，更显该店行业原则性强，所卖中药品正质佳，经营者的品质令人钦佩。

文学作品，有萧军的短篇小说集《羊》。法国作家莫泊桑的小说《羊脂球》，以普法战争为背景，描写一群人结伴旅行的经过，揭露了贵族资产阶级的寡廉鲜耻。俄国寓言作家克雷洛夫的《狼和小羊》，抨击反动统治者的压榨；《杂色羊》，影射沙皇的假仁假义和可耻下场。

戏剧与电影剧本。西班牙有羊角剧，不但有个羊泉村，而且还有戏剧作家维加所作的《羊泉村》。该戏剧歌颂农民对封建势力所做的斗争。俄国戏剧作家亚·奥斯特洛夫斯基著有《狼和羊》。我国戏曲中有个术语叫"羊毛"，指戏曲圈外人，犹谓外行，含有轻蔑之意。有传统剧目《牧羊卷》。写朱春登代父从军，由婶母与内侄宋成相送，宋谋夺朱妻赵锦堂，回家谎报春登战死，婶母强逼锦堂改嫁宋成，锦堂不从，锦堂婆媳被婶母赶到山中牧羊。后来春登立功封侯归家，杀宋成，并在坟台与行乞母妻邂逅。因锦堂手有朱痕，母子夫妻终得相认。南戏剧本《牧羊记》，作者不详，有人认为是元戏剧作家马致远作。写西汉苏武出使匈奴，匈奴王威胁利诱，要苏留下为官。苏武严辞拒绝，被放逐北海（今俄贝加尔湖）边，牧羊十九年，历尽饥寒困苦，坚贞不屈，终于返汉。后来的传统剧目《苏武牧羊》，就是由《牧羊记》改编的。电影剧本有陈斌云的《羊城暗哨》。

雕塑。广州越秀公园内越秀山的木壳岗顶的《五羊石像》，也称《五羊雕塑》，于1960年由130块花岗石雕塑制成。五只石羊，大小不一，神态各异：居中一只老山羊正身向着观众，挺胸耸立，高仰脖子侧身远眺，嘴里衔着稻穗，尖尖的羊角似要刺破青天，竖耳犹如倾听祝福的天籁之声，一只前蹄抬起踩山石上，显得纹丝不动，稳健有力，形象耀眼。底下四只山羊较小，或偷视，或觅食，或戏耍，形象生动有趣。石雕底座直径10.8米。仰观五羊布局巧妙，高低错落，如众星托月，给人以高达十余米气势雄伟之美感。整体雕塑寄寓了五谷丰登、国泰民安的美好寓意。

邮票。我国于1991年发行了首轮生肖羊中的"关门票"T159《辛未年》，图案为布羊玩具，同时发行小本票一本；中国台湾发行的《岁次辛未》邮票一套两枚，主图为圆形羊图，背景衬篆字羊；港澳地区也发行过羊年邮票，中国香港一套四枚，图案为不同造型的刺绣羊，澳门则为单枚《羊年》，用白色圆月托出一只写实的山羊。

而世界上最早发行的羊年邮票是在1967年——丁未羊年。

日本、中国台湾、韩国、中国香港均发行了"羊票"。日本的邮票主图为奈良木雕羊；中国台湾为民间编织印染工艺品"红型"羊和花图案；韩国（1966年年末发行）主图为一只绵羊头；中国香港的两枚"开门票"图案为不同型的"三羊开泰"。1979年己未羊年有中国台湾、日本、韩国发行生肖羊邮票。中国台湾两枚同图异值"羊票"，图案为《仿明宣宗开泰图》，称"三羊开泰"；日本一枚图案为羊形铃铛；韩国两枚分别为古代石浮雕羊、旭日和松枝。2015年我国发行的乙未羊年邮票，图案以绵羊作为造型基础，羊角装饰有缠枝花草纹，羊身上为牡丹、莲花等花卉图案，并伴以祥云、水波纹，整个画面含吉祥、圆满和幸福绵长的寓意，寄托了对乙未年的美好祈盼。这些邮票上的羊画，都是绘画和雕刻艺术的表现。

"羊"字既是部首字，又可作为形声字的声旁，构出"佯、详、洋、垟、徉、样、祥、庠、氧、烊、痒、胖、蛘、鲜"等字。至于变形的"羊"构出的字就更多了，有左右结构的羒、羝、羖、羬、羟、羱、翔、羧、羰、羯、羠、羷、羝、羱、羘、羰等；上下结构的羌、差、羞、养、着等。羊无尾的"羊"构出美、羑、姜、羔、恙、羑、羡、羲、盖、羴、義（义）等。还有个含"羊"的字，笔画多达19画，为"羸"（léi，弱小之意）字。

还有两件"羊事"：一是替羊，二是亡羊。

替羊事有二。古代祭祀，没有牺牲（即猪，牛、羊的祭品）的祭奠称"荐"，杀牲的祭奠叫"祭"，在神位有屋且栽树的庙宇的祭奠叫"祀"。其实祭祀互义，并不矛盾。祭的对象是亡灵、天地、神灵；祭的仪式是祭礼、祭典；节日祭是祭典、祭日、庙会。有年祭钟日，齐宣王正在大殿门口，见有人牵着一头发抖的牛经过，宣王叫住牵牛人一问，才知是"牵去宰了祭钟"，顿生怜悯之心，说："这头牛本没有罪过，却要白白去死，看它吓得颤抖可怜，我真不忍心，把它放了吧。"牵牛人说："大王真慈悲，那就废了祭钟这种仪式吧！""这可不行。"齐宣王严肃起来说，"这样吧，你就用一只羊代替这头牛吧！"同样是杀，以羊替牛，骗人把戏，着实虚伪。此为替羊之一。替羊之二是，据《圣经》载，一天上帝想考验亚伯拉罕的忠诚，授意其将唯一的儿子以撒献为燔（焚烧）祭。亚伯拉罕竟遵命推以撒上了祭坛……当他举刀刺向以撒的瞬间，上帝感其忠，唤天使拉住亚伯拉罕之手。此刻，一只迷路山羊走过，亚伯拉罕就拿山羊替以撒做了燔祭。古犹太教承袭此例，每年祭祀时由大祭司把手按在一只羊头上，以示全民族的罪过都托付这只羊去承担，然后赶羊入旷野，称之为"负罪羊"或"替罪羊"。

亡羊，就是丢失了羊。《庄子·骈拇》载：有两个以放羊为生的孩子，一个叫谷，一个叫臧。一天，他们没有把羊带回来。问："你们的羊去哪了？"臧低头说："我在树下看书，看入迷了，忘了照看羊群，羊群不知几时跑到哪里去了。"谷瞥了臧一眼说："我在山下与别人赌博，玩得忘了时间，羊跑光了。"邻居听了摇头而叹道："其实都一样，羊没了。"可见，做任何事，一旦玩忽职守，损失都是难以挽回的。战国时有一牧民养了十几只羊。他用柴草和木桩围了个羊圈，日赶群羊出，夜赶群羊入。一天羊出圈，牧人发现少了一只，一看羊圈有一窟窿，邻居劝他马上修羊圈，可他却认为羊已亡去，修有何用？次晨赶羊出圈，发现又被狼叼走了一只。牧羊人这才后悔没听邻居之劝告及时修补。他赶紧堵上那个窟窿，把羊圈修得牢实了。从此再没丢失一只羊。可见，"亡羊补牢，未为晚矣""亡羊补牢，贵在及时"。《列子·说符》说，战国有一著名学者杨子，一天其邻居的羊跑丢了，邻居马上领亲戚朋友与杨子仆人去追寻。杨子问丢了一只羊，又问为何要这么多人去，邻人说路上岔路太多，人多分头去找。晚上，杨子问仆人为什么没有找到又回来，仆人说："岔路中又有岔路，我们不知上哪条路找，故回来了。"杨子听罢，顿时严肃而好久无言。杨子的学生见其闷闷不乐，便问："羊非什么值钱畜生，又非先生自己家的，为何心事重重呢？"杨子叹道："岔路太多，羊易迷失，人们又何尝不是呢？读书人也常会因学说不一致，而一时找不到真理，误入歧途，无功而返啊！"三则故事，皆为亡羊，最后的"歧路亡羊"，给人启迪更深：在变化多端而复杂的情况下，面对人生选择，务必镇定清醒，思路清晰，冷静判断，做出正确判断，防错择道路，误入歧途。

羊趣说到此，赏联忆羊品：

感恩跪乳，世人宜借鉴；

知过补牢，牧主自铭心。

猴年说"猴"趣

未羊咩咩翻山去，申猴嗡嗡跳跃来。猴年来了，想起猴事猴趣来了。

"猴"字从"犭"，从"侯"："犭"为犬类，也泛指动物；"侯"为君主、诸侯、达官贵人等，意寓聪慧明达，超越凡众。（李土生，《十二生肖：生命的密码》）

俗话说："山中无老虎，猴子称大王。"怎么来的？传说猴子是老虎的邻居，它们关系很好，称兄道弟，十分亲热。老虎一开始就以镇山制兽之威，当上兽王，百兽见之，即刻回避；猴子成了老虎的得力助手，当老虎外出，猴子代行镇山之令，百兽慑于虎王之威，也只好听猴子召唤。这就是这句俗语的来历。

据说有天，虎王不幸落入猎人的网中，无法脱身，恰逢猴子路过，虎王高喊："老弟救命！"猴弟闻声，一跃上树，解开网绳，虎王脱险，感猴老弟相救之恩，但内心总感不畅快：我堂堂虎王，落入猎人"圈套"，得让猴子解救，若此事外传，我有何威呢？故生灭猴之念，但细想自己早已在百兽之中成了孤家寡人，无一朋友，若再遇险，谁来帮呢？于是一再表示：若老弟有事，我必相帮，只要老弟不说出今天之事。猴子本怕老虎，当然一口答应，仍称兄道弟。

　　不知何年，玉帝选属相，条件是必须是对人类有功。无功的猴子很想当属相，于是就请已为属相的虎王大哥相帮。虎王向玉帝力荐，说猴子聪明机智，为百兽之首，自己不在时，猴子亦有镇山之功。玉帝这才同意将猴子列入属相之列，名排第九，虎也算报了恩，不过内心总感不乐，从此，虎猴情绝，百兽也不再怕猴子了。

　　有个成语，叫"猴年马月"，这是个虚无日子。那么，究竟何是"猴年马月"呢？这得从我国的干支纪年法说起。按该法，农历一年十二个月，依次为寅月，通称正月建寅，二月建卯，三月建辰，四月建巳，五月建午，六月建未，七月建申，八月建酉，九月建戌，十月建亥，十一月建子，十二月建丑；以属相论，则正虎，二兔，三龙，四蛇，五马，六羊，七猴，八鸡，九狗，十猪，十一鼠，十二牛。如此计算，2004年6月是"猴年马月"，下次则在公历2028年6—7月间。这个虚无的日子，比喻对某件事是否兑现的怀疑态度。

　　有个清朝官场故事，毕侍郎宴请王尚书，约蒲松龄作陪。饮酒时要求作"三字同头，三字同旁"属联，毕先出上联："三字同头左右友，三字同旁沾清酒，今日幸会左右友，聊表寸心沾清酒。"蒲见毕、王屡次嘀咕，尽显傲态，即刻对下联："三字同头哭骂咒，三字同旁狼猿猴，山野声声哭骂咒，只因道多狼猿猴。"毕、王尴尬，因其联讥讽，愤世嫉俗。另有湖南善化、长沙两县县长分别姓侯、朱，互瞧不舒。一天同桌宴饮，朱县长曰："园门不紧，跳出猴悟空，活妖怪怎能善化。"

侯县令脱口："湘水横流，浮来猪八戒，死畜生流落长沙。"把朱县令骂得狗血喷头。

　　猴的地支字是"申"。"申"字的甲骨文、金文均像闪电光耀曲折之形，其本义为闪电。小篆"申"字由"臼""丨"组成，"臼"的字形像人两手相对，有所作为，故"申"为双手拉伸、伸展物体使之笔直如"丨"，意为伸展、舒展，后作"伸"。作为猴的地支配字，申时是15—17时，猴子善于伸屈攀援，有"申"之意，又喜欢在15—17时这个时间啼叫，所以申时属猴。（李土生，《十二生肖：生命的密码》）"申"加别的偏旁可组成"伸、坤、呻、神、砷、绅、钾、审"等字，若把"申"字变形，就有田、甲、由、电等。因此，生肖猴联，又有："甲申岁稔，零四年丰。""申年春到户，猴岁喜临门。""马月不来人莫待，猴年已到己当行。""猴捧仙桃开口笑，人居福地满心欢。""羊回草地春回暖，猴跃花山岁跃新。""羊年羊毫挥写辉煌史，猴岁猴棒辟出锦绣程。""辞旧岁羊年歌大有，迎新春猴岁祝丰盈。"后三副是羊猴交替。

　　更有十至十二种生肖的对联：

　　"鼠嫁女，马迎亲，猪哼牛哞狗欢畅；

　　兔娶媳，龙出聘，鸡走羊奔猴着忙。"

　　此联横额是"处处兴旺"。生肖中缺"虎"与"蛇"。

　　浙江莫干山十二生肖石雕公园，有联曰：

　　"子丑寅卯辰巳午未申酉戌亥，

　　鼠牛虎兔龙蛇马羊猴鸡狗猪。"

　　此联生肖齐全，地支相配，横额是"生生不息"。

猴子别称很多，诸如猿、猨（yuán）、狨（róng）、狖（yòu）、猱（náo）、狙、犹、狒、禺、猕猴、沐猴、参军、王孙、猩猩、猢狲等等。

猴子种类很多，特色各异。非洲有小得能在普通茶杯中洗澡的"鼠猴"；南美西部仅14—16厘米高的"侏儒狨"；欧洲的绒猴，可攀于盆景花茎上玩耍；埃及体小如婴儿的"婴猴"；泰国有白猴；菲律宾有眼镜猴；我国有黑猴、棕猴、懒猴、红面猴、灰黑猴、金丝猴、卷尾猴等。金丝猴最珍贵，毛皮金灿闪亮，其中灰金丝猴，毛皮厚密，披挂一肩的那一绺细长如金丝，长达30厘米，是古代王公大人穿的皮袄之源。卷尾猴的尾巴长而有力，具有出众的缠绕能力，会做各种动作，甚至可倒挂身体睡眠；它感到太热，就用其潮湿的舌头舔其毛茸茸的手臂，使手臂像盖上两条湿毛巾，感到凉爽。在《远方的家》栏目的《北纬30℃·中国行》中，可以见到五花八门的猴子，有只猴子从悬崖上跌下，断了一只脚，群猴相救，老猴见之，速采一药，敷了伤脚搓揉，很快接骨，真乃奇事。

猴子聪明灵敏，智商高于一般动物，通人性，懂手势，学人样。传说明嘉靖年间（1522—1566），戚继光在浙江东南山中训练"施放鸟铳火鼠之术"，林中猴群常偷看仿效。一天倭寇入侵，戚军人少，不宜正面迎敌，便埋下伏兵，弃谷中部分火器，却被群猴发现。群猴争燃火枪、火箭，向敌冲击，"日寇大骇狂奔，死者枕籍"，戚军伏兵四起，大获全胜。电视剧《终极对决》中，凤姑被日寇关在"大和班"的毒气试验实验场中，龙战海等人为救凤姑，让猴子进去寻找凤姑被关之处。

猴子探寻后，发现昏迷的凤姑，便出来告知大家，大家终于把凤姑救了出来。

正因为猴如此机灵，才有人给猴子"别解"：猴，据可靠消息，是人类祖先。但现在不是被链索拴着，就是被笼子关着，据说是为了偿还当年孙大圣"大闹天宫"欠下的债。明代江苏淮安山阳小说家、号射阳山人的吴承恩（约1500—1582）则赋予猴子性格和身世，称其"美猴王"，演绎出鸿篇巨著《西游记》。现代改编拍摄成电视连续剧后，这个"孙行者""弼马温""齐天大圣"的擒妖除魔形象，让国人百看不厌。还有人为这位"孙大圣"撰联："惹事生非，又宫惊玉帝；除妖除怪，地洞镇魔王。"

至于孙悟空的原型来源，大致有二：一是印度神猴哈奴曼猴。它飞于空中，面容身躯可随意变化，吼声如雷，力大无比，可移山岳，捕行云。在古印度史诗《摩罗衍那》"楞伽城大战"中的大闹无忧园的情节，正是能七十二变的孙悟空大闹天宫等情节的源头，即"天产猴王变化多，偷丹偷酒乐山窝。只因搅乱蟠桃会，十万天兵布网罗"。

二是中国神话传说的水怪"无支祁"。《山海经》中它是淮涡水怪，面貌类似猿猴，火眼金睛，经常在淮涡兴风作浪，危害当地百姓。大禹治水时，无支祁作乱，惹恼大禹，于是命令夔龙擒之，用铁索锁住，镇压于龟山之下。《西游记》第七回中，写孙大圣"又要跳出，被佛祖翻掌一扑，把这猴王推出西天门外，将五指化作金、木、水、火、土五座联山，唤名'五行山'，轻轻地把他压住""渴饮溶铜捱岁月，饥餐铁弹度时光。天灾苦困遭磨折，人事凄凉喜命长。若得英雄重展挣，他年奉佛上西方"。

猴，方言叫"猢狲"，也称"猕猴"。猿猴，即猿和猴，因猿似猴，但猿无颊囊和尾巴，特征有的很像人，唐诗"两岸猿声啼不住，轻舟已过万重山"中提及的便是。在成语文化中，它们都占有一席之地。如形容不驯顺、调皮捣蛋的"弄鬼掉猴"，猴扮人样、穿上衣冠而猴性难移的"沐猴而冠"，因爱猴、养猴猴却归于林而"伐尽山林"仍不得猴的"亡猴毁林"，喻行动失去自由的"猢狲入袋"，形容反方向而行、所求适得其反的"北猿适楚"，形容处境危险急寻避所的"穷猿投林"，形容心思不定变化无常的"心猿意马"，形容受惊的猿猴、逃脱的兔子的"惊猿脱兔"，形容依附权奸的人因失去靠山而散了的"树倒猢狲散"等。

歇后语也不少，如：猴耍耗子——大眼儿瞪小眼儿，猴子照镜子——里外不是人，猴子爬树梢——到顶了，猴子抱西瓜——顾此失彼，猴子爬杆子——上窜下跳，猴子吃核桃——全砸了，猴子吃大蒜——翻白眼，猴子吃仙桃——眉飞色舞，猴子爬树——牵手好戏，猴子骑羊——不成人样，猴子看镜子——得意忘形，猴子吃辣椒——红了眼，猴戴手套——毛手毛脚，猴子不上杆——硬敲锣，猴子爬梯——一跃而上，猴子戴纱帽——瘟官一个，猴子捞月——一场空，猴子吃麻糖——扒拉不开，猴王闹天宫——大打出手，猴子抱着板栗球——无法开口，猴儿拳——小架势，猴屁股扎蒺藜——坐立不安，猴子骑骆驼——高高在上，猴子捅马蜂窝——倒挨一锥，猴子看果园——监守自盗（越看越少），猴子看戏——干瞪眼。

在民间风俗文化中，也有"猴"影。每逢猴年春节，农村多贴含猴字的门联。在北方民间，家家门口挂小红布，布绣各种猴图样，以图吉利，风吹布摆，故称"逢猴招展"；有的纹图为手高举，曲手腕，膝微弯，马步走，叫"猿臂猴行"；有的纹图是猴向枫树上挂印，叫"封猴（侯）挂树"；猴子骑马的纹图，有两种图案，多用于古代官府屏、壁上、画稿、文具、什器或配器，叫作"马上封猴（侯）"；还有母猴背子猴纹图，伦理人性，母子情笃，堪为人表，叫"辈辈封猴（侯）"。在元宵前后的灯节中，有猴子形的彩灯，在移动的灯阵平台上，有"齐天大圣"孙悟空右手捏着金箍棒，斜靠腰间，左手举搭在眼眉上，火眼金睛远望前方，不停转动眼珠，一脚屈起，一脚直立于平台上，身旁围绕几只小猴。在猜灯谜活动中，有"猴子玩丝线""田间竹竿上天入地"，各打一字；"出谜让你猜，屁股红一块""一身毛，四只手，坐着像人，爬着似狗"，各猜一种动物名。答案：字为绅、申，动物无疑是猴。就是这个"申"字，除在地支中代表猴，还曾是上海的别称，昔有《申报》。"申"字又可作姓，战国时韩有申不害，楚有申包胥，西汉有申屠嘉，明有申时行等。这个"申"字变化很多，前文已说。

每逢猴年，一些国家的邮政部门都要发行"猴票"。最早的猴邮票是马来西亚北婆罗洲于1899年发行的，主图为一头猩猩。我国2004年发行的猴邮票"猴桃瑞寿"，主图画面是猴子手捧仙桃，粉红桃下托着三张绿叶，猴卷长尾，躬起腰背坐着，侧转猴头，眯着双眼，微张大嘴，一脸祥瑞，整图似圆，七色相配，金光隐现，十分逗趣，尤为可爱。

我国地名中有"猴"字，如云南腾冲猴桥口岸，甘肃猴娃山，山东寿光市内约千余年历史的古镇——猴镇，仙居响石山景区有猴山，山脚之村原名猴山根，神仙居景区有"神猴望月"景点。

带"猴"字的药如：消炎镇痛、清热解毒的猴枣，化毒丹消红肿、溃烂的猴疳，主治中风昏厥致喘促、癫狂惊痫的猴枣散，补肾、祛风湿活血的猴姜，清热解毒、凉血消肿止泻的猴耳环消炎胶囊，等等。

果蔬中也有带"猴"字的。如猕猴桃、猴头菇等。昔日山村中称猕猴桃为"藤梨"，其外皮无毛，生长在山野的柴林中。开春后，万山初绿转翠，农民会上山采摘藤梨叶，担回家来，煮熟堆在饲料缸（或木桶）中，喂猪吃。首批嫩叶采后，新叶又出来，叶间花开，后结为果，金秋时节，人们又上山采果了，有的藤梨熟透了，或被鸟兽吃了，或自然脱落而烂了。摘回家来，妥善存放，它会渐渐由硬变软，去皮而食。熟后的藤梨，优的果肉呈青绿色，差的果肉呈黄褐色，有的有酸味。如今大多是人工种植，果实个头大，一般是三只野藤梨那么大，大多有毛，扁圆形，内柱黄白色，有圆有扁，一般果肉呈草绿色。植物还有木本猴枣。动物中有种鱼，叫猴面鱼，面似猴子，很机灵，发现"敌情"后，会速逃钻进岩洞。

在象棋文化中也有猴的身影。有位叫陈甸坤的先生，在2004年设计了一盘"猴棋"残局，取名"申猴献瑞"。

报刊也有以"猴"入名的。江西南昌有个画刊，叫《小猕猴》，该画刊适合少年儿童，特别是中小学生。成年人也有喜欢看的，笔者就曾订阅十来年。

金猴奋起千钧棒，玉宇澄清万里埃。

鸡年说"鸡"趣

　　猴隐鸡鸣天下晓，华夏起舞攻千关。丁酉鸡年，说说"鸡"趣。

　　先说"鸡"字，它的甲骨文（🐓）、金文（🐓）像头、冠、嘴、身、翅、尾、足俱全的鸡形状，而今简化"鸡"字则由原象形字变为会意字，从"又"，从"鸟"。"又"的古体字像手形，意为抓取，"鸡"是被抓取驯化而成的鸟类，鸟是空中飞行的禽类，意寓鸡被人为束缚而无法飞行了。（李土生，《十二生肖：生命的密码》）鸡的地支字是酉，酉时在 17—19 时，此时正当月出之际，有"太阳金鸡"的传说，故酉时就属鸡。

　　鸡为六畜之一，是属相中唯一的禽类动物。我国养鸡已有六七千年历史，陕西临潼出土的大量鸡骨鸡粪遗存就是实证；就是最早的汉字甲骨文，象形字"鸡"，距今也有两千五百多年了。对于鸡的称呼，《庄子》称时夜鲁鸡，《礼记》称输音，《尔雅》称蜀，《古今注》称烛夜，《千金·食治》称家鸡，《清异录》称羹本，《论衡》称酉，《东坡志林》称钻篱菜，等等。在两千多年前的《诗经》中，就有酉鸡诗，如《齐风·鸡鸣》以对话形式，写妻子在天未明时，就一再催丈夫起身。诗曰："鸡既鸣矣，朝既盈矣。""匪鸡则鸣，苍蝇之声。""东方明矣，朝既昌矣。""匪东方则明，月出之光。"亦可见我国养鸡历史之悠久！

鸡有雌雄之分，雌的发出"谷谷"叫声，无冠，却会生蛋；雄的红冠耸峙，每天司鸣，啼声洪亮。传说鸡本有一对美丽的角，在选属相时被龙给借走了，且从未归还，故雄鸡总是天天要"喔喔喔——喔"地喊叫，意为"龙哥哥，角还我。"由于鸡争强好胜，惹是生非，打架斗殴，故不在玉帝所选的生肖动物之列，因为玉帝所选的生肖动物必须对人类有功劳。那么鸡又是怎么被选为生肖的呢？这有个传说故事。鸡想，六畜中的猪、牛、羊、马、狗都已被选为生肖，我却还不是，气恼之极。一天，鸡与金鞍银蹬、受人宠爱的马交谈时，得马开导："我平时耕田运动，战时冲锋陷阵，给人类立功，自然受人爱戴，你若要得到人类爱戴，封上生肖，也不难，只要你发挥自己长处，给人类实实在在办事就行，像牛能耕田，狗能守门，猪供人肉食，龙可降雨，你有一副金嗓子，可以唱着歌声，把人们从睡梦中唤醒啊！"

人们感激鸡司晨，请求玉帝封其为生肖。可玉帝要的属相动物是有功的走兽。鸡为此事十分烦恼，翻来覆去睡不着，有一夜，它的一缕幽魂飞上天宫，来到玉帝殿前，泪水淋漓，向玉帝哭诉：自己每天司晨，唤起众生，功劳颇大，却不让入选属相，实在想不通。玉帝思索再三，鸡的功劳实在大，自己只要走兽不要飞禽的标准，确实欠妥，于是摘下殿前一朵红花戴在鸡的头上，以示嘉奖。鸡醒来发现自己头上真有朵大红花。

争排那天，鸡与狗同时起床，相并而行。快到宫前时，鸡怕狗占先，就连飞带跳扑到前面去了，狗怎么也追不上。结果狗排在鸡后，从此狗与鸡关系不睦，故至今有"狗撵鸡飞"之说，而鸡呢？至今还红着脸，头戴大红花，每天司晨，唤醒沉睡的人。

　　家鸡的祖先是雉，即野鸡。在许许多多的鸡种中，有两种鸡很特别。一是乌骨鸡，又名泰和鸡、武山鸡、丝毛鸡，是著名的家养观赏用鸡品种，白毛，反卷，呈丝状。特征"十全"：紫冠（复冠）、缨头（毛冠）、绿耳、胡子、五爪、毛脚、丝毛、乌皮、乌骨、乌肉。眼、喙、跖、趾、内脏、脂肪均黑色，后来被制作成"乌鸡白凤丸"。二是火鸡，又称"吐绶鸡"。体高大，裸头而有珊瑚状皮瘤，喉下有肉垂，胸饱突，背宽长，胸肌、眼肌发达，公鸡常常扩翼展尾呈扇状，此时的皮瘤、肉垂由红变白，故称"七面鸡"。青铜色与荷兰白色两种火鸡分布较广。此外还有美国传入的"芦花洛克鸡"。

　　鸡是人类亲密的朋友，它潇洒脱俗，随遇而安，忠于职守，为所有人报晓、生蛋，从不因身居豪家而骄矜，也不因蛰居贫家而哀怨。古人云，鸡有五德："头戴冠，文也。足搏距，武也。见敌敢斗，勇也。见食相呼，义也。守夜不失时，信也。"李时珍说："鸡骁勇，即使与悍鹰恶隼相搏，亦勇斗不怯。"是啊，晨鸡唱不绝，一唱千门晓，强音催人，开拓奋进。鸡年总有英才出，诸葛亮、蔡伦、王安石、苏轼、詹天佑、梁启超，诸多历史精英，皆是出生于鸡年的英才！

　　鸡的文化含义十分丰富。在语言领域中，"鸡"占好多席位，先看成语。鸡与狗"结缘"：如形容骚乱厉害与频繁的

"鸡犬不宁"，一人做高官或得势则有关系人也沾光的"鸡犬升天"，斩尽杀绝连鸡狗也不放过的"鸡犬不留"，地位低微卑贱而有技术或不成器之人的"鸡鸣狗盗"，事物零碎琐细的"鸡零狗碎"，恐怖笼罩而不安宁的"鸡飞狗走"，喻顾影自怜的"山鸡舞镜"，事微不足道、得失不紧要的"鸡虫得失"，两头落空的"鸡飞蛋打"，还有鸡蛋支床、鸡毛蒜皮、闻鸡起舞、鸡鹜争食、鸡黍深盟、鸡头鱼刺，以及鸡皮鹤发、鸡争鹅斗、鸡鸣戒旦、呆若木鸡、牝鸡司晨、小肚鸡肠等。

与鸡有关的谚语，约有 20 多条，如鸡蛋无裂缝，苍蝇不下蛆；鸡蛋往石头上碰；鸡蛋里寻骨头；鸡鹅鸭兔羊，多喂有看场；鸡多不下蛋，人多瞎忙乱；鸡斗雨，鸭斗晴；鸡晒翅，天落雨；鸡鸣早，天不好；鸡寒上树，鸭寒下水；鸡在高处鸣，久雨（雨止）天要晴；鸡笼破莫怨野猫多；鸡飞狗上屋；等等。

歇后语，如鸡蛋掉油缸——圆滑，鸡蛋里淌水——坏蛋，鸡斗黄鼠儿狼——送死，鸡毛敲钟——不响，鸡蛋壳垫床脚——难撑，鸡子翻身——滚蛋，鸡窝旁摆棒槌——捣蛋，鸡捉耗子——乱套了，鸡碰到蜈蚣——死对头，鸡冠花——老来红，鸡落白米缸——不愁吃，鸡死狼吊孝——假慈悲，鸡穿大褂狗戴帽——衣冠禽兽，鸡毛当令箭——大惊小怪。

带鸡的词语如：鸡血石，色如鸡血的昌化石和巴林石，印章好材料；鸡尾酒，源自 18 世纪美洲，是一种用几种酒加果汁、香料混合的即时调制的酒；鸡皮疙瘩，大脑感知寒冷、紧张、恐怖时，交感神经牵动立毛筋收缩而生的疙瘩；等等。

在文学领域中，"鸡"也少不了。《诗经·邶风·雄雉》："雄雉于飞，泄泄其羽。我之怀矣，自诒伊阻。雄雉于飞，上下其音。展矣君子，实劳我心。瞻彼日月，悠悠我思。道之云远，曷云能来？百尔君子，不知德行。不忮不求，何用不臧？"作者借雄鸡来表达对远方友人的怀念。魏晋六朝的诗人刘祯崇写过关于雄鸡勇武不屈的诗："且鸡被（披）华采，双距如锋芒。愿一扬炎威，会战此中唐。利爪探玉除，瞋目含火花。长翘惊风起，劲翮正敷张。轻举奋勾喙，电击复还翔。"斗鸡在"斗"中的雄姿跃然纸上。陶渊明《归田园居》有"狗吠深巷中，鸡鸣桑树颠"之句，可见那时家养鸡是放养的。《桃花源记》中见渔人具答之，"便要还家，设酒杀鸡作食"。梅尧臣《桃花源诗》又有"荒路暖交通，鸡犬互鸣吠"。鲍照有"鸡鸣洛城里，禁门平且开""腰镰刈葵藿，倚杖牧鸡豚（猪）"。无名氏有"打杀长鸣鸡，弹去乌臼鸟，愿得连冥不复曙，一年都一晓"。杀鸡弹鸟是恨其惊醒好梦，催送天明。孟浩然有"故人具鸡黍，邀我去田家"（《过故人庄》）。王维有"雉雏麦苗秀，蚕眠桑叶稀。田夫荷锄至，相见语依依"（《渭川田家》）。顾况《过山农家》："板桥人渡泉声，茅檐日午鸡鸣。莫嗔焙茶烟暗，却喜晒谷天晴。"诗中描写了农村田园生活美景，农家风物，生活幽静，极富生活气息。温庭筠《商山早行》有"鸡声茅店月，人迹板桥霜"。李白有"羞逐长安社中儿，赤鸡白雉赌梨栗""白酒新熟山中归，黄鸡啄黍秋正肥。呼童烹鸡酌白酒，儿女嬉笑牵人衣"。前者说自己羞于用红鸡白酒与儿童赌些梨与栗，后者表达了自己要入京时的喜悦。杜甫《羌村三首》有"群鸡正乱叫,客至鸡斗争。驱鸡上树木,始闻叩柴荆(门)"。《新婚别》有"生女有所归,鸡狗亦得将",反映了当时的社会现实。关于鸡的作品还有北宋晁补之的文集《鸡肋集》七十卷,南宋庄绰编的笔记《鸡肋编》三卷,为北宋遗文逸事及各地风俗习尚),高玉宝的《半夜鸡叫》,电影《鸡毛信》,等等。

与鸡有关的春联有很多,如"猴随腊去,鸡伴春来""猴去丰功在,鸡来伟业兴""猴纳丰盈岁,鸡鸣锦绣春""猴去依依不舍,鸡来朗朗长歌""大圣登程春万里,雄鸡唱晓喜千家""大圣回首恋春景,金鸡放歌迎富年""猴岁凯歌惊世界,鸡年捷报壮乾坤""丁岁逢春九州共庆,酉年贺喜两岸同欢",等等。触景联,如林则徐小时候,一次放学回家见人群围观池塘鸭,有人出联曰"母鸭无鞋空洗脚",林则徐出口对曰"公鸡有髻不梳头"。一农妇携孩晒谷,鸡吃谷,孩子甩出手中竹筒砸鸡,妇出联曰"饥鸡盗稻童筒打",一秀才见凉亭梁上趴着老鼠就对"暑鼠凉梁客咳惊",三对同音异字,对得巧妙。周渔璜观母鸡下蛋,又闻小鸡叫声,触景即兴作联:"母鸡下蛋,谷多谷多,只有一个;小鸟上树,酒醉酒醉,并无半杯。"据说川东农村,有人以俚语接对逗小孩乐,如:饭是"莽莽",肉是"嘎嘎",红苕烧粑吃;鸡叫"咕咕",蛋叫"波波",绿豆炖汤喝。形象风趣,乡土气浓。格言联,如冰心对的"闻鸡起舞,跃马争春"。"何物动人,腊月梅花八月桂;有谁催我,三更灯火五更鸡",启迪与激励学子勤学苦读。还有同音异字联和"开门大吉"联:"驴系梨树下,驴挨梨落梨打驴；鸡站箕沿上，鸡飞箕翻箕扑鸡。"元旦与春节联："元旦开年翻旧历，鼓点乐点，跳起霹雳舞；新春起岁过除夕，鸡鸣钟鸣，吭来晨曦歌。"

谜语也有关乎鸡的。谜面如"头戴芙蓉帽，嘴尖爪子利，有口没有牙，有翅不飞高"，"一朵芙蓉顶上戴，锦衣不用剪刀裁，果然是个英雄汉，一唱千门万户开"，"头戴大红花，身穿十锦衣，好像当家人，一早催人起"，皆打一种禽类动物，谜底十分明显。其他谜如："乙酉年预算款"（打中药名一，谜底为鸡内金），"鸡啼醒万家"（打常用词一，谜底为家喻户晓），"一唱雄鸡天下白"（打一外交辞令，谜底为声明），"鸡鸣茅店月，人迹板桥霜"（打毛主席诗词一句，谜底为莫道君行早）。画谜如："地平线上一小弧，辐射条条虚线，独笔画大公鸡，张大嘴挺脖翘尾，雄冠耸峙足立地"（打一全国性报纸，谜底为光明日报）。字谜如"本命年"（谜底为醒），"告别昨天，迎来鸡年"（谜底为酢），"出席鸡尾酒会"（谜底为笠）。另有两个字谜，谜底相近，一是"丹心迎鸡年"，二是"躺着似风箱，站着像石磴，鸣声困者醒，遇水能醉人"。谜底分别为"酋"与"酉"，前者读 qiú，后者读 yǒu，笔画上仅两笔之差。"酉"的甲骨文像酒樽之形，本义为酒。酒由成熟之黍酿制，故而"酉"有成熟之意，代表八月，这时黍成熟。今体"酉"字，"西"中有"一"。"西"的甲骨文像鸟巢，意寓夕阳西下，倦鸟归巢。因此，"酉"从"西"，表明与禽类有关。（李土生，《十二生肖：生命的密码》）在音韵学上，"酉"与"酒"同韵同义，故二者关系特别密切，以"酉"字为部首组成的汉字有百余，形成了庞大的家族。如酵是制酒用的酶，酝、酿是造酒时的发酵过程，配是指酒中材料的配置勾兑，醇、酽、醴、酤、酤、酬、酗、醒、酢、醅、酪、酊、醉等字都与酒有直接关系。《说文解字》云："酉为秋门，万物已入。"《天文训》曰："酉者，饱也。"《辞名》曰："酉，秀也。"《律书》曰："酉者，万物之老也。"诸典合之，"酉"字具有秋藏饱宿之义。酉，位在西方，时近黄昏（17—19时），鸡吃饱入宿（生活习性，栖息时间），故用酉为鸡之地支，极为贴切，其人文意义深蕴其中矣。

地名、风景名中含"鸡"字的很多。黑龙江鸡西市以产煤出名，它与鹤岗、双鸭山三煤矿合称"鸡鹤鸭煤矿"；河南大别山支脉鸡公山，主峰似引颈高啼的公鸡，叫报晓峰；洛阳栾川鸡冠洞，斜入地下1000多米，晶莹剔透，似海底龙宫，称"北国第一洞"；河北有鸡泽县和张家口下花园的鸡鸣山，李世民亲征时驻跸此山，因而出名。元代所建的鸡鸣驿是我国现存最大的功能最全的古驿站，其中多处庙宇墙上有精美壁画，画风古朴华美，简洁精细，彩墨搭配已达到相当高的艺术水平，充分体现出鸡鸣驿在当时是一处商贾云集、信报频传，各种民俗和文化的集聚之地。陕西宝鸡市和汉中成县的鸡峰山，形状似头，孤峰独耸云际，号称"陇南第一山"，享誉陕甘川；安徽巢湖市风台山，一峰独雄，状似鸡笼而名鸡笼山，是道家"四十二洞天"之一，素称"江北第一名山"；南京城北鸡鸣寺，为明洪武二十年（1387）建；广东韶关坪石镇金鸡岭，岭周悬岩绝壁，直如刀削，两隘间筑城墙，一夫当关，万夫莫开。

云南有五处：一是宜川县佛教名山鸡足山，三峰前列后拖一岭，形如鸡足前伸三爪后支一距而得名；二是保山金鸡镇金鸡村，传说昔有凤凰落于村东大石，明万历年间于此建"金鸡寺"；三是昌宁鸡飞温泉，传说一大石头内一对金鸡被锁千年，终破壳而出展翅凌空，留下石窝成泉眼，泉热40—90℃；四是金沙江上江乡良美村的江心上的鸡公石，似振翅啼鸣的雄鸡，传说巴颜喀拉山山神，欲于虎跳峡至塔城堵石成大海，命石神于明晨鸡鸣前赶到目的地，子夜入滇境，观音菩萨让村上公鸡啼鸣，石神闻声失神力，恶愿未达；五是昆明金碧路中段的金马碧鸡坊（长12米，宽18米），雕梁画栋，精美绝伦，建于明宣德年间（1426—1435），人称"金碧交辉"。浙江仙居的鸡冠岩，赤岩排列，高耸插云，西端耸峙，中有裂缝，缝中石窟宽半米，高2.5米，长9米（均为约估），可容30多人，昔为祈雨之地，据说是龙母生三条龙的地方，岩侧石笋高尖似针。

民间风俗也有"鸡"。婚俗，如冀鲁地区以"长命鸡"作为聘物，象征吉祥如意。迎娶时，男方红公鸡女方肥母鸡；出嫁时，女方童弟抱鸡随轿走，公鸡未鸣到男家，意为日后不受丈夫欺；男方抱鸡让人把公母两鸡拴桌脚，不时打着红公鸡到它乏力气（却不得宰杀），象征妻子日后制服丈夫不受丈夫欺。有的地方拜堂时，或因新郎不在家，或因新郎躺在病床上，新娘抱着大公鸡一人拜堂，并入洞房。见者以为荒唐可笑，原是封建婚姻的"嫁鸡随鸡，嫁狗随狗"观念所致。浙江仙居一带，家有贵客来，杀鸡宰鸭，肥肉敬客，可黔桂地区却用鸡头敬客。这一风俗来自一对夫妻的故事。据说妻坐月子时，夫把好肉给妻吃，自己只吃鸡头鸡脚；后丈夫病了，妻亦如此吃法。儿问妈为何，妈说鸡头鸡脚好吃。后夫妻去世，儿问父老如何悼念，回答是，拿父母生前爱吃的东西祭祀。儿便以鸡头、鸡脚祭之，客人来了也以此敬之，此俗从此流传下来。

浙江很多地方，会用红布做鸡心形香袋，内装雄黄茶叶米，端午挂于孩胸前，意为祈福驱邪记性好（鸡心，记性谐音）。孩子出生第三天，杀鸡去毛留内脏，煮熟后，用稻草束筷，搁在鸡上献天神，祈求天神保护新生儿。有些地方每年七月初七要杀雄鸡，因为牛郎织女相会时，若雄鸡报晓就会永远分开，此俗在金华、武义最流行。节庆时，如除夕辞年或清明祭祀，浙江仙居旧时大多煮熟整鸡，摆盘后祭天地、祖宗（当然还有其他食品），这整鸡双腿屈曲颈昂头，夹着鸡血，祭毕下桌回厨，方可开食。云南佤族吃"鸡肉烂饭"，即在米饭烂时才把鸡肉调料一起入锅，文火焖之半干，再放春花就成。还有因鸡是年画吉祥物，贴的年画一般是大桃树上栖金鸡。古人以为黑暗乃鬼魅藏身之处，日出而啼的金鸡成为调和阴阳、驱逐鬼魅的神物，且与"吉"谐音，入画为镇宅之物。

在医药领域也少不了"鸡"。鸡胸、鸡眼、鸡痘、鸡白痢、鸡新城疫（即"伪鸡瘟"或"亚洲鸡瘟"）、鸡马立克氏病，以及"禽流感"中鸡传染性支气管炎和鸡传染性喉气管炎等，都是疾病的名称。中草药有甘平气香、清热利湿的乔木鸡蛋花，也叫缅栀子；辛凉、清热解毒、健脾去积的多年生草本鸡儿肠，也称马兰；辛苦微温气香，活血散瘀、行气止痛、止咳除痰的多年生草本金鸡爪，亦名隔山香、鸡爪参；微苦芳香，行气止痛、舒筋活络的小灌木鸡骨香，亦名滚地龙、黄牛香；清热止血，主治目赤肿痛翳障的鸡冠花，也叫丁香；利尿通淋、解热止痢，主治热淋、白浊、痢疾、暑泻的鸡眼草；甘淡凉，清热利湿、舒肝止痛的小灌木鸡骨草，粤名相思子；性温味辛，温中散寒、理气止痛的山鸡椒（苍山树）；性温味苦，可补血行血、通经活络的木质藤本鸡血藤；性平微甘微涩，根苦涩微温，可消食化积、化痰止咳、祛风散湿的藤本鸡矢藤，别名皆治藤；主治毒蛇伤、疮脓肿、跌打损伤的多年生草本鸡爪三七（伽蓝菜）；性平味甘，健脾消积，主治积食腹满、泄泻的中药鸡内金；可治口气的鸡古（丁香）。还有其他植物，如牛羊的优良牧草鸡脚草，常绿乔木鸡毛松，落叶乔木鸡槭树，鲜黄致密易加工木材海南榄仁鸡炎，菌类鸡油菌（也称杏菌或鸡蛋黄菌），可食菌鸡枞、鸡矢果，动物鸡心螺（芋螺）。

邮票。中国台湾于 1968 年 11 月 12 日，发行了一套"雄鸡报晓"；韩国于 1968 年 12 月 11 日发行了一套无齿小型张，一枚图案为四个双喜字与大公鸡，边框印有"金鸡独立"；日本于 1969 年 1 月 20 日发行了含四枚米泽木雕玩具公鸡的小版张；中国台湾于 1980 年 12 月 1 日发行了两套小全张；中国大陆于 1981 年 1 月 5 日发行了十二枚 T58 小本张，其中夹一枚生肖盘过桥票；日本于 1992 年 11 月 6 日发行了一套有奖票，其中两枚为附（加）值有奖票，比普通的长且宽，有六位奖码；中国香港于 1993 年 2 月 10 日发行了五十枚电子票，绿叶纹纸，公鸡印图；中国台湾于 1968 年 12 月 1 日发行了一枚明信片邮资票，与台湾鸡票相仿，背面题"鸡鸣戒旦"；

中国大陆于 1992 年 11 月 15 日发行了十二枚贺 1993 年有奖片，图案为艺术化的公鸡，背面片图分"惠山泥人"和"卡通艺术画"两组，各六枚。法国鸡票是 1944 年发行的，主图为法国特种鸡高卢鸡。中国邮政于 2005 年发行了一枚乙酉年鸡票，是依传说中金鸡在太阳中居住的说法而设计的艺术化彩画，画面特别之处是鸡头五色，红冠后倾，下衬绿纹，两圈褐色，黑圆眼珠，外圈白色；鸡身下部呈黑褐绿灰与红黄混色；鸡翅鸡脚墨黑，两脚站立于太阳中的圆黄上，脚似毛笔左右张开；鸡尾顶着一朵大红花，有众多绿叶衬托，绿叶四散，参差不齐，长叶下垂。

鸡，有人别解曰："鸡，不过是自从闹钟被发明后，便从此只能在餐桌露面的可怜虫。"今居城市，别说"鸡声茅店月，人迹板桥霜"，就是雄鸡报晓之声也难听到了。鸡入菜肴，古已有之，《礼记》载有"鸡羹""弗食……鸡肝"，《楚辞》载有"露鸡"，齐王吃鸡"必食其距数而后足"，《齐民要术》有"五味脯""鸡羹""蒸鸡"，《新唐书》有"鸡球"，白居易有"鸡球饧粥屡开筵"的诗句，《武林旧事》有"闹鸡"。历代鸡馔绵延不绝，且愈积愈多，甚至有"无鸡不成席"之说。时下全国各地的鸡名菜，五花八门，四川有"保宫鸡丁""怪味鸡"，江苏有"芙蓉鸡片""叫花鸡"，河南有"道口烧鸡"，浙江有"醉鸡""三黄鸡""白切鸡"，广东有"太爷鸡"，湖南有"安东鸡"，西安有"葫芦鸡""脆肉手撕鸡""腐乳鸡""五元神鸡""柠檬烤炉鸡""火煨焖鸡"，等等。凡大酒店的宴会，总少不了肉、鱼。鸡，除了鸡煲，更有整鸡上桌，让宾客撕拆分吃。超市里，鸡被分类型卖，有鸡杂、鸡壳、鸡肫（胗）、鸡脚、鸡腿、鸡翅、鸡翅根等，鸡蛋多是从养鸡场来的，还有土鸡蛋（家庭放养鸡蛋）。蛋吃法多多，可做成蛋羹、蛋汤、整蛋、荷包蛋、鸡蛋包、蛋饼贴，泡鲞也少不了鸡蛋，零食有蛋黄派、蛋糕、蛋黄月饼等。蛋有蛋壳，而建筑设计师从鸡蛋、贝类的"薄壳结构"得以启迪，在建造体育馆、杂技场、影剧场、展览馆等大型建筑物时都采用弯曲的屋顶，这样，既不见横梁和柱子，又轻便省料、美观大方、坚固耐压。

鸡趣甚多，杂谈至此。愿天下人鸡年幸福安康！

酉鸡入舍再报晓，戌犬看家唱新歌。

狗年说"狗"趣

金鸡飞走，黄狗跑来。今年戊戌年，狗年"狗"趣多，狗的文化含义很丰富。

"狗"字从"犭"，从"句"。"犭"本义为犬，古时指大狗，"句"读作"gōu"，本指弯曲。"犭""句"，即狗蜷曲趴卧的样子。从"句"表明狗是喜欢高翘、摆动尾巴的动物。狗嗅觉灵敏，忠实可靠，听话吃苦，忠于职守，看门守院，正义敏捷。(李土生，《十二生肖：生命的密码》)

传说玉帝选属相时，猫狗都想当，它们与人类关系密切，谁对人类贡献大呢？争执不休，只得由玉帝定夺。帝问狗"一顿吃多少"，狗实答："我每天看门守园，一顿吃一盆。"帝又问猫，猫说："我会念经，抓老鼠，每顿吃一灯盏够了。"其实猫吃的不止一灯盏，且只吃好东西。猫只想巧妙告诉玉帝，自己能自食其力，抓鼠吃，因此贡献比狗大，玉帝以为真。可狗一听，气愤极了，觉得猫撒谎，太不光彩，于是边骂边追咬。猫自知理亏，一路跑不停，到家躲藏不露面。选属相那天，狗趁猫躲它之际，与鸡同往天宫排队，鸡连飞带跑，排于狗前。躲藏暗处之猫久不见狗影，后得知狗已先行，急飞跑至天宫，排在猪后，不料小鼠藏于牛角，跳到牛前，抢先当了属相，猫就与属相无缘了。从此，猫恨透鼠，见之咬死；狗虽诚实正直却不原谅猫，见猫就追，至今如此。

狗的属相，位居十一，地支符号为"戌（xū）"，干支相配，2018 年是戊（wù）戌年，与"戌"字相近的是"戍（shù）"字，仅一笔形之差，记这三字有个口诀：横戌点戍空戊点。"戌"的甲骨文、金文像兵器形。"戊"本义为兵器，意为争杀与死亡，后指天干的第五位，指代土。"一"是整体，是生命的起始。"戌"从"戊"从"一"，首先表明戌属土，人到中年常常自嘲为"土埋半截"，又表义为灭，草木凋零，生气灭绝。"戌"在月份上代表九月，这时阳气微弱，万物都已成熟，阳气渐向下入地，戌时是 19—21 时，狗开始看门守夜，故戌时属狗。（李土生，《十二生肖：生命的密码》）狗的雅称是"犬"，因为古时以其体形大小分为狗与犬两类。凡高大聪明、雄健凶猛之犬，均称獒，古籍曰"四尺为獒"。在周朝，因獒珍贵而稀少，雪域的少数民族有以獒做贡品的习惯，统治者以獒做维护其统治工具——护卫犬。《公羊传》记有灵公欲用獒咬死赵盾，反被赵盾杀死。13 世纪初，成吉思汗派大将多达那波率部进藏，让西藏归顺蒙古并组建一支 3 万头藏獒组成的队伍返回，这支藏獒犬队在征讨大西北中立下赫赫战功，为元朝建立做出贡献。后来，这支藏獒犬队散落到欧洲一些国家和地区，成改良当地犬种祖先，有"世界犬种"之称，圣伯那犬、大白熊、马士提犬、大丹犬、高加索牧羊犬等都有藏獒血统。

据不完全统计，狗有 130 多种。《本草纲目》说狗有"打猎、看守、食用"三大用途，其实不止。犬分牧羊犬、家犬、信犬、玩赏犬等。时下城市中的"养狗热"，养的主要是玩赏犬，还给狗起名。狗成为宠物。狗的嗅觉特灵，人的嗅觉细胞只有500万个，而狗有22亿个，能分辨出2万多种不同的气味。狗听觉发达，人耳只能听到3万赫兹以下的声音，狗却能听到10万赫兹以上的振动音。狗记忆力好，据说有犬竟能来往于意大利西海岸各地，单独乘坐火车，不错过时间地点。苏联发现狗能探出12米深的矿物，北极一种叫"冰上飞"的狗能在–50℃酣然入睡，还能拉130千克的货。狗的舌头常会伸挂嘴外，是为了散热降温，因其舌面上血液循环特别旺盛，利用舌头上水分的蒸发，可以起到"降温"之妙。狗跑到一定地方会翘脚撒尿，用尿液来作为寻路的标记。我国古代对狗十分重视，周设"犬人"，汉设"狗监"，唐设"狗坊"，元设"狗站"。汉武帝时，辞赋家司马相如、音乐家李延年都当过狗监，刘禹锡有"再入龙楼称绮李，应缘狗监说相如"的诗句，说的就是这两人。

狗有许多趣闻轶事。经过训练，狗就能按主人的要求，替主人运送物品。西晋陆逊之子、文学家陆机，原籍华亭（上海松江），在洛阳做官时，思念家乡，就把装信竹简系在其犬"黄耳"的颈上，"黄耳"日夜兼程，信送到华亭，又从华亭带信返回洛阳，时达一月。到元朝才出现大规模的"犬邮"驿站，因当时疆域辽阔，全国设十个行政省，省与中央的通信联络之需迫切。全国当时有驿站1383处，既有牛马驿，又有狗驿，最大的狗驿驯养着3000多只邮犬，也是当时世界上最大的狗驿。近代有邮政后，寄信贴邮票，也有生肖邮票，狗年就发行狗邮票，如 2006 年的狗邮票，是只化妆得十分漂亮的、蹲坐的狗：狗身酷似花瓶，两眼乌黑，眼框外一圈白色，两耳似花边，尾巴卷成圆圈，尾巴如马鬃样的毛刷子。

民间有驯狗游戏，如农村有驯狗上踏碓，有时三四只同上踏碓，起落臼杵，帮人舂米。2016 年春节期间，在央视综合台的一次演出中，一位演艺者带上六只白长毛小狗，一只全白，五只穿衣，尾巴耳朵都罩一红套，上来跑了一转就全部上六个高方凳子蹲着。一忽儿依次向右边跳下，又依次从左边上去，朝向观众，一齐举起前脚，两脚合并，似向观众行礼，如是循环往复两三次。接着，又依次窜凳架中间而过，反复几次。接着，舞台上下叠着两只铁圈，众狗依次向上圈窜出循环两次，又穿过下圈绕一转再窜过上圈，跳上凳子蹲立，面向观众。然后又与演员合演，或倒立行走，或演员翻身，狗跳人身上过，演员频翻转，小狗配合迅速。最后不化妆的小白狗单独表演，与众不同：钻凳子，伏地凳下过，倒立上凳立，钻圈能顺窜又倒窜，能爬上演员头顶，又随演员动作频频转换位置，博得观众不断喝彩。

英国有由狗献血的血库，一次献血 200 cc，可得一包优等狗粮。美国有"狗教堂"，是画家斯特凡·哈涅克为感恩自己养的 5 只狗而建的。门口写着"无论什么宗教信仰，无论什么品种，所有的狗无一例外都可以进入教堂"。据说首批来教堂做礼拜的狗有 15 只，如今该教堂成了动物爱去之所，也是丢失宠物爱去之地。更有趣的是荷兰有狗做伴娘的婚礼。在婚礼上，狗打扮得漂漂亮亮，项圈别束鲜花，狗显得规规矩矩，当然事先要征得当地市管会同意才可。

在安徽青阳九华山上的严华寺内，有座仿照朝鲜半岛塔式搭建、在世界上独一无二的方形"狗塔"，名曰"谛听方塔"，高七层。内有狗塑像，为纪念"谛听"。相传谛听原是一只白犬，后来修成了佛。此塔至今已有千余年的历史。在仙居横溪镇山枣园还有座"恩犬墓"。那只犬本是只丧家犬，山枣园读书人陈正生收留了它，还为其起名"来富"。来富不嫌陈家贫困，在陈正生遇险时，毅然救主，反被强盗伤了后腿，重伤而亡。陈正生为恩犬设灵堂祭拜，并做此"恩犬之墓"，嘱咐后辈世代不食狗肉，并将他自己的身后坟墓设在来福墓旁边，与恩犬相伴。

狗有感情、表情，用眼、耳、口、尾、身之动作来表达其情感与想法。眼睛，生气时，瞳孔张开，眼上吊，神态可怕；悲寂时，润湿；高兴时，晶亮；自信时，目不转睛，信任亦然；受欺或犯错时，视线转移；不信任时，闪烁不定。耳朵，想攻击时，耳用力后贴；高兴撒娇时，耳后贴却柔软。尾巴，高兴时摇动，危险时下垂，不安时不动，害怕时夹尾。身躯，以紧张状表愤怒，目射凶光，龇牙咧嘴，发出喉音，尾巴直伸，与发怒对象保持定距，前身伏后身隆，呈匍匐状，以示要发起攻击了。哀伤时，无精打采低垂头，可怜巴巴望主人，躲在角落静卧着；喜悦时，跳跃，张嘴露牙，鼻蹙皱纹，眼光柔和，耳朵耷拉，身体扭动，摇动尾巴；恐惧时，毛耸身颤，身体不断抖动，尾夹两腿中。因此，"自然界十大灵性动物"中也有狗，其他是大猩猩、鲸、大象、海豚、骆驼、蛇、蝙蝠、鼠、乌鸦。

狗是灵性动物。人在灵长类中更高等，可有不少人自喻为狗，如瞿秋白自喻"耕犬"，郭沫若自喻"天狗"，齐白石自喻"走狗"，赫胥黎自喻"斗狗"。瞿秋白说："搞政治，我实在不会，我搞政治，就像狗耕田。"鲁迅评价"赫胥黎（伦敦矿物学教授）就是一只有功于人世的狗"。因为他在达尔文发表《物种起源》后受宗教势力群起攻击时，挺身站出，宣称："我是达尔文的斗犬，我准备迎接火刑！"郭沫若的《天狗》诗："我是一条天狗！我把月来吞了，我把日来吞了，我把一切星球来吞了，我把全宇宙来吞了。""天狗"所要吞噬的是他所痛恨的那些腐朽封建的旧东西，这"天狗"当然是正义的。齐白石的诗句"青藤雪个远凡胎，老缶衰年别有才。我欲九原为走狗，三家门下转轮来"（《老萍诗草》），表现了他极力推崇徐渭、朱耷和吴昌硕三位大师的绘画技法及独特的艺术风格，甘愿为"三家走狗"。青藤、雪个、老缶分别为三位大师的号。

有人趣解"犬"字：有一点成绩就自"大"的人，就将自己降格为"犬"。在狗的文化领域中，有不少趣说，如跳高有一技之长，因为"狗急跳墙"；美德是见义勇为，因"狗拿耗子"，非管闲事；有军事头脑，"狗头军师"牌不倒；善于交际，狡猾狐狸成朋友，"狐朋狗友"；画虎模特，有"画虎类犬"；首先打出打假牌的，因其一直反对"挂羊头卖狗肉"；有些人盲目自信，不管是谁在他眼里都会低三分，"狗眼看人低"呗；最倒霉的事是落水，早有"打落水狗"之说；倡导夫妻和睦者，有"嫁鸡随鸡，嫁狗随狗"之说。这些传说，都演变为成语了，其实带"狗""犬"字的成语还有许多，如狗胆包天、狗仗人势、狗血淋漓、狗尾续貂、狗猛酒酸、狗苟蝇营、犬马之劳、犬马之效、犬牙交错、犬兔之争、兔死狗烹、蜀犬吠日、驴鸣狗吠、声色犬马、飞鹰走犬、东门黄犬、淮南鸡犬等。含"狗"的词语，如喻令人深恶痛绝者为"狗屎堆"，喻坏人间互相倾轧斗争的"狗咬狗"，给有势力的坏人奔走的人被称为"狗腿子"，嘲笑人跌倒时身体向前倾多用"狗吃屎"，面对君主自比的"犬马"，谦称自己儿子为"犬子"，称玩世不恭之人为"犬儒"，称怯懦无用之人为"狗熊"，称门牙两侧的尖牙为"犬牙"等。说到这里，让人想起以下四个问题。

一是狗拿耗子是否"多管闲事"？非也。从春秋到汉朝，狗捉耗子是普遍的现象。而今之猫是汉明帝（28—75）从印度沙漠猫引进来的，即"迎猫为食田鼠也"（《礼记·郊特性》），后来人们发现用猫捉老鼠比用狗好，于是开始驯养野猫，到唐代渐成家猫，代狗捕鼠，故狗再捕鼠就是多事了，才有"多管闲事"的歇后语。但"过街老鼠人人喊打"，笔者认为若也捉鼠也非"多管闲事"了。

二是"狗急"为何要"跳墙"呢？狗的机械能（肌肉收缩）、光能、电能等转换能力特强。窘急时，大脑指令细胞内贮存的三磷酸腺贰（ATP）迅速转换，分解成二磷酸腺贰，释放出巨大的能量，狗获得 ATP 提供的能量，产生出超乎寻常的爆发力，使肌肉猛烈收缩，促使骨骼和关节运动，狗便可"跳墙"了。所以说狗跳高有一技之长呢。

三是狗撒尿为何要翘一只腿呢？传说济公为一条断失一脚

的狗接上了一只泥捏的狗脚，于是那狗又活蹦乱跳了。为了不让尿液弄湿泥脚，故其撒尿必翘起那只泥脚。从此后，除雌狗外，所有雄狗有样学样，撒尿就都翘脚了。

四是"走狗"一词的含义是如何演变的？从史籍看，先秦就有"走狗"一词，《战国策·齐策四》："卢氏之狗，王之走狗已具矣。"西汉董仲舒《五行相生》有"博戏斗鸡，走狗弄马"。该词原指"猎狗"或"驰逐、驱狗出猎"，没有贬义。自汉代起，其义生变，《史记·越王勾践世家》载范蠡离去，齐遣（wèi）大夫种书有"飞鸟尽，良弓藏；狡兔死，走狗烹"之句。宋元后，"走狗"一词渐入百姓口语，有受主人豢养的爪牙、帮凶或无耻小人的贬义了。

除成语、词语外，还有谚语、歇后语。关于狗的谚语约150条，如：狗投穷，猫投富；狗不嫌主穷，儿不嫌母丑；狗无寒，猫无暖；狗冷烘嘴，鸭冷下水；狗记路，猫记家，小孩只记吃奶的妈；狗记三千，猫记八百；狗独蹲，羊群走；狗大自咬，女大自巧；狗来富，猫来贵，猪来多灾晦；狗落腰，家家憔；狗落肚，家家富；狗落头，家家愁；狗咬人，没法治；人咬人，没药医；狗眼看人低，人穷狗也欺；狗要洗脸，天将好转；狗肉不上台秤；狗肉包子不上席；狗改不了吃屎，猫改不了抓耗。歇后语约200条，如狗吃王八——找不到头，狗肉账——算不清，狗进佛堂——为了供品，狗看月亮——一片明，狗吠月亮——少见多怪，狗得骨头——忘了形，狗叼骨头——死也不放，狗争骨头——相持不下，狗舔锅台——溜沟子，狗舔油——一扫光，狗咬吕洞宾——不识好人心，狗咬野狼——两惧怕，狗钻鸡窝——藏头露尾，狗钻篱笆——两面受夹，狗不吃屎——信不得，狗不吃屎，狼不吃肉——装假（或假装），狗吃牛粪——只图多，狗不理包子——一咬一兜油，狗吐舌头——热得很，等等。而狗自己拉屎是有定所的，即路旁草丛旁，进出家门总钻门槛下的洞中；主人喂食，早晚各一次，倒在狗槽中或地凹内。不少农家一早出外捡狗粪，倒入粪池（坑）中，腐后作肥料。而今迥异，有人别解曰："狗，无私奉献，常常把自己的腿和肺献给某些'残疾'患者配用。古谚云：'狗改不了吃屎，只能钻狗洞。'如今成了主人的上宾，不但不吃屎，还吃住与人同等。"而且给穿衣、沐浴，也不再叫狗，而给起个亲切的名字，如"多多""灵灵""秀秀""小白""小黑"等，每天还定时带其外出游历。

在文学领域中，少不了狗。比利时作家乔治·西默农的小说《黄狗》、俄国作家屠格涅夫在监禁中写的中篇小说《木木》、日本作家芥川龙之介的小说《小白》、捷克作家伊拉塞克的小说《狗头军》、苏联作家特罗耶波尔斯基的《白比姆黑耳朵》等，都是写狗的文学作品。"南戏"四大剧中的《杀狗记》，写孙华、孙荣兄弟二人反目成仇，后又重归于好的故事，宣扬"妻贤夫祸少"的道理。《韩非子》有"狗猛酒醇不售"之事，记宋国一小镇有家酒店，酒清冽醇香，老板童叟无欺，可却少有人来店，老板大感不解。乡邻告知，是你家狗太凶猛，长期守在门口，谁还敢来？老板就杀了狗，生意从此红红火火。《韩非子》中又有"犬马难，鬼魅易"之事。一天齐王与画家对话。"何物最好画？""鬼魅。""何物最难画？""犬马。"齐王诧异：“鬼魅从未见过，何以最好画呢？”"正因从未见过，不管怎么画，人们挑不出毛病来。"又问："犬马天天能见何以不好画呢？”"正因为天天见，熟悉它，有一丝疏忽，人们就会疑问，故难画。"齐王听后连称有道理。《史记》记有"跖犬吠尧"之事。刘邦知韩信手下蒯通曾教唆韩信叛汉，即派人押送蒯通到京，亲审。蒯从容镇定："跖之狗吠尧，非尧不仁，狗因吠非其主。当是时，臣唯独知韩信，非知陛下也。"刘就不再追问。

诗歌。《诗经·小雅·巧言》："他人有心，予忖度之。跃跃毚（chán，大兔也）兔，遇犬获之。"晋陶渊明《归田园居》有"暖暖远人村，依依墟里烟。狗吠深巷中，鸡鸣桑树颠"，农家风景跃然纸上。唐曹唐《小游仙》："冰屋朱扉晓未开，谁将金策扣琼台？碧花红尾小仙犬，闲吠五云嗔客来。"诗中充满生活情趣。清代宋琬《舟中见猎犬有感而作》："秋水芦花一片明，难同鹰隼共功名；樯边饱饭垂头睡，也似英雄髀肉生。"诗人咏物言志，引用刘备"常身不离鞍""髀里生肉"的典故，起环境与心境相吻合之效。宋代苏轼《咏犬》："昼驯识宾客，夜悍为门户。"诗中活灵活现刻画了狗的特性。晋代傅休奕《走狗赋》："骨相多奇，仪表可嘉，足悬钩爪，口含素牙，首类骧螭，尾如腾蛇，舒节急筋，豹耳龙形，势似陵青云，目若泉中星，既迅捷其无箭，又闲暇而有度。"咏狗诗还有陶渊明的"荒路暖交通，鸡犬互鸣吠"，李白的"犬吠水声中，桃花节雨农"，白居易的"犬吠村胥闹，蝉鸣织妇忙"，王琰的"桃李阴中春争好，田家鸡犬亦欢声"。这是狗吠鸡鸣田园图，勾勒了恬静平和的田园风光。陆游"犬喜人归迎野路，鹊营巢稳占低技"，舒大成"墟落（村落）有归人，烟萝（藤蔓植物）闻犬吠"，犬吠声声迎归客，明白晓畅，清新可喜。释守诠"唯闻犬吠声，又入青萝去"，杨万里"雾外江山看不真，只凭鸡犬认前村"，李勉"谁家庭院自成春，窗有霉苔案有尘。偏是关心邻舍犬，隔墙犹吠折花人"，孙觌"紫荆有信欲开花，黄犬无情不到家"。人间有犬，生活有几分生气，又平添人情。梅尧臣"随常轻骑猎，不独朱门守，鹰前任指踪，雪下还狂走"，猎犬征战，骁勇善战，吃苦耐劳。更有仙居诗人林白的《叹狗功》："生性猖猖钻草堆，何堪肃肃登风台。贪功难免淮阴孽，落水犹追费厄灾。犬道是非课管顾，人间毁誉孰疑猜。如今宠物逢鸿运，款爷娇姐爱牵陪。"今昔对比明显。

对联。明末清初时，福建有个名徐五的屠夫，见明代一些降臣头戴红顶子，有所感慨，于自家门上贴联以讽刺："鼠因根绝潜踪去；犬为家贫放胆眠。"传说有位"白字公子"，考场应试，错字连篇，把"才郎"写成"豺狼"，把"权也"写成"犬也"。考官评之为"最末六等"。其才貌双全的妻子知晓后羞得无地自容。之后考官拜见了专管考试舞弊的给谏大夫，得知"白字公子"就是给谏大夫之子，即改卷为一等。有人在给谏大夫门上贴联："权门生犬子；才女嫁豺狼。"这些都是冷嘲热讽的狗字联。隐名联如："嘴能叼鼠，除害招罪议；尾能续貂，弄虚盗假名。"格言联如："犬赠吉言期旺盛，豕吟妙句光亨通。""雄鸡作友成功早，义犬为师招国贞。"干支联如："戊戌维新变法，癸庚相助扶贫。"

谜语。粽子头，梅花脚，屁股挂着指挥刀，立着没有坐着高，打一动物，谜底为狗；太字变脸，打一字，谜底为犬；看家狗，打一字，谜底为戾；有一点成绩就自大的人降格了，打一字，谜底为狗。

在中国医药中也有"狗"。李时珍药用记述：狗肉可"按五脏、轻身、益气、宜贤、壮力气、补五痨七伤、补血脉。狗蹄下乳汁，狗肾治痈疽、疮疡……诸证"。狗之皮、毛、骨、肉、内脏均可充分利用。所以，有以狗的胃、胆囊、肾和膀胱中的结石入药的"狗宝"；有把药膏涂于小块狗皮上的"狗皮膏药"，因其疗效比一般药膏好，故旧时走江湖人常用此骗取钱财，因之喻为骗人货色。有不少含"狗"字的中草药，如性甘淡凉，清热凉血、生津利尿，主治高烧、风湿关节炎、麻疹、疖肿、带状疱疹的草本狗肝菜，又名金龙棒、青蛇仔、梨根青；性苦平，祛风除湿、强腰膝，主治腰肌劳损、蛇伤疮肿的灌木（直立分枝）狗脚迹，别名楚天花、小桃花；性温苦甘，除风湿、强腰膝，主治风寒骨痛、腰肌劳损、半身不遂、外伤出血的多年生蕨类金毛狗脊；等等。

地名也有含"狗"字的。河北有新狗口，贵州六盘水三岔河西岸重镇有狗平坝，当年红军强渡大渡河时经过此镇。浙江仙居杨府有洋狗后，溪港有介狗山，横溪上陈村有介狗尾巴，朱溪有猪狗会等。

总之，狗的文化是十分丰富的。

犬过千秋留胜迹，肥猪万户示丰年。

猪年说"猪"趣

犬吠吠辞旧岁，仍然看家护院；猪哼哼迎新年，还是好睡贪吃。猪年说说"猪"之趣。

猪，是我国"六畜"之一，篆文写为""，从"豕"，从"者"。"豕"本义是公猪；"者"为代词，代指事或物。"猪"本义为家畜，今体"猪"从"犬"，从"者"，从"犬"是强调为家畜。（李土生，《十二生肖：生命的密码》）所以，猪在先秦时叫"豕"（shǐ）。由此引出明朝开国皇帝朱元璋的一件趣事来。说的是马皇后向小太监询问皇上微服私访的情况，小太监就如实禀报他所见之事：皇上看见一个民妇喂猪，无意中微笑了一下，小太监误认为皇上看上了这位女子；马皇后亦然，于是就让他把那妇人招来侍奉皇上。皇上见之，说："这位女人好像见过。"皇后说："就是前天在村里喂猪的那个女子，我以为皇上喜欢她，就召她进宫来侍奉皇上。"朱皇帝笑着说："误会了，我看这妇人喂猪，就明白了古人造字的意思。'家'字，从'宀'从'豕'，就是说无豕不成家。我是为这事笑，并非有意于妇人而笑。"马皇后于是赐该妇许多东西让其回去了。

原来，古时，先民于树上"架木为巢"以作住所。几经漫长岁月，才转到地上架木为屋，并开始驯养野兽作为家畜。为防外敌侵袭，房子的结构一般是上居人、下作圈。猪是当时主要的肉食来源，故房下养猪，就是"家"的标志。须知"家""冢"二字，画数同，义迥异，只一笔之移，"家"住活人，"冢"埋死人。

家猪的祖先是野猪。野猪体长 1.2 米，体面生刚毛，黑褐色，年老的混生白毛；犬齿特别发达，雄的成巨牙，称"獠牙"（仙居方言叫"挑牙"），上颌向上长。吻部比家猪长，性凶暴，常危害农作物。

人类最初捕捉一些野猪的幼仔，干扰其栖息环境和食物结构，改变它的生活习性，渐渐地为人类所圈养，与牛、羊、马、犬、鸡成为"六畜"。我国最早的家猪，距今 9000 多年了，这从湖北舞阳贾湖遗址可知。

今天，许多人不知猪原称"豕"，也许更不知"家"字的源头来历，"豕"也只在书面上才见过，口头上几乎不闻"豕"。需知道，先秦时，猪的称呼极细：公猪称"豭"（ jiā ），母猪称"豝"（ bā ），小猪称"豚"（ tún ），大猪 3 岁的称"豜"（ jiān ）。这些字，今人看起来感到生僻，但却体现了古代农耕社会时，猪这种家畜在人们生活中的重要性，有着很强的时代印记。

猪，是十二生肖属相中最后一位，生肖地支符号为"亥"。有人以形近字辨析撰联曰：明辨戌戎己巳，莫淆亥豕鲁鱼。"亥"的甲骨文字形未确，许慎释"亥"为"豕"，即猪。《春秋传》曰："亥有二首六身。"篆体"亥"字，上为"二"，中为"乙"，下为"亻"：易学认为偶数为阴，故而"二"为阴性，意寓"亥"是以阴为主导；"乙"即折，代表一种转折，意寓"亥"是阳气萌生，虽势弱，却最终由阴转阳；"亻"即双人，此处意寓一男、一女，阴阳交汇，新的生命产生。故而，"亥"作为地支的最后一位，与"子"相交，为亥时，正当晚上21时至午夜23时，是阴极盛，阳气始发的时候。（李土生，《十二生肖：生命的密码》）

关于猪当上属相，民间倒有个传说。

古时有个员外，家财万贯，良田万顷，只是膝下无子。谁知年近花甲之时，却得了一子，合家欢喜，亲朋共贺。员外更是大摆宴席，庆祝后继有人。宴请之时，一位相士来到孩子面前，见此孩宽额大脸，耳阔有轮，天庭饱满，又白又胖，便断言这孩子必是大福大贵之人。

这肥胖子福里生，福里长，自小只知衣来伸手，饭来张口，不习文武，不修农事，只是游手好闲，挥金如土，花天酒地，只自认为命相福贵无比，不必辛苦操劳。天有不测风云，人有旦夕祸福。他长大成人之后，父母却相继去世，家道衰落，田产典卖，家仆四散。而这小子仍过着挥金如土的生活，直至最后终于饿死在房中。这小子死后阴魂不散，到阴曹地府的阎王那里告状，说自己天生宝贵之相，不能如此惨淡而亡。阎王将这阴魂带到天上玉帝面前，请玉帝公断。玉帝召来人间灶神，问及这位一脸宝贵相的人怎会饿死房中。灶神便将这小子不思学业，不务农事，坐吃山空，挥霍荒淫的事一一禀告。玉帝一听大怒，要胖小子听候发落。令差官听旨，玉帝道："你命相虽好，却懒惰成性，今罚你为猪，去吃粗糠。"这段时间恰逢天宫在挑选属相。而这天宫差官又把"吃粗糠"错听成"当属相"，当即把这胖小子带下人间。从此，这胖小子成为猪，吃粗糠，又当上了属相。

又一说是猪靠它自己的努力当上了属相。在天宫排属相那天，玉帝规定了必须在某个时辰到达天宫，取首先到达的十二种动物为属相。猪自知体笨行走慢，就起半夜赶去，排队当属相。由于路途遥远，障碍又多，猪拼死拼活、气喘吁吁才爬到南天门，但排属相的时辰已过。猪苦苦央求，其他六畜也为之求情，最后终于感动了天神，把猪放进南天门。当上了最后一名属相。这样，牛、马、羊、鸡、狗、猪"六畜"都成了人的属相。

中国是个农业大国，中国人与猪的关系非同一般，人们的肉食大部分来自猪。农民对自家养的猪特别有感情，有篇《卖猪的日子》的文章可见一斑。作者在文章中写道，寒冬时节，卖猪"如同出嫁自己的女儿，舍不得也无可奈何"。卖猪了，母亲"总是不忘赐它一顿最丰盛的吃餐，让它好好上路，一路走好"。当肥猪被来买的人赶进猪笼，匆匆上路离家之时，"母亲每每又追随在猪笼背后"，一步步地送，一步一喊："我的猪，回来！回来，我的猪。"好似在说："肥猪的肉卖了，肥猪的灵魂我留下了。"杀猪的凌晨，父亲便早早挑着一双空粪桶和一只空木桶，披星戴月，赶到屠宰店后门，等候收回自己猪排出来的粪水挑回家中肥田，带回半桶猪血、一二斤肥肉，以敬灶神，以犒家人，还送一碗热腾腾、肉浓香的猪血肉汤，给人分享，其乐融融，其情浓浓。

　　昔日在农村，几乎家家养猪，一为过年，二为办喜事，三为出售，少的一只，多的两三只。先买小猪，一般八九斤，超十斤的较少，现在的小猪起码二十多斤。小猪进家，开启猪栏门，才可放猪入栏，切忌提猪过栏栅板放入。定时喂猪，栏宜垫稻杆。养猪须防猪病，否则后患无穷。猪病有多种，如猪瘟（猪霍乱）、猪气喘病（猪霉形体肺炎）、猪尿泡病、寄生虫病、传染病等。传染病有猪肺疫（俗名"锁喉疯"）、猪丹毒、猪胃肠炎、猪痢病、猪流行性感冒、沙门氏菌病等；寄生虫病如猪肾虫病、猪肺丝虫病、猪巨吻棘虫等，必须及早请兽医。

　　猪，在世界各地，有许多奇趣。非洲马达加斯加岛有种箭猪会夏眠，它以蚯蚓为食，夏天火热，蚯蚓钻入深土层中，箭猪断粮，只得夏眠，到秋天才出来觅食。丹麦有一条关于猪的法令，因为猪不能通过皮肤排汗，故法令规定：猪农必须给一千克以上的猪洗澡，并在猪舍中安装沐浴器，否则要受罚。中世纪欧洲城市里"猪为被告"时有发生，因其在街上东走西逛，窜民宅，甚至咬死摇篮中婴儿，仅法国就有"猪案"20多起，有的判死刑，有的母猪以对小猪的"教唆"罪判死刑。这实在荒唐，好像猪与人同类，好像他们从来不吃猪肉似的。

　　在"猪"文化中，许多词语含"猪"。俗语：喻拼命向前冲而不怕死人的"猪突豨勇"（贬义）；喻待人不恭敬的"豕交兽畜"；喻坏人东奔西突、任意作恶的"豕突狼奔""狼奔猪突"；用以泛指文章、书籍在传抄、刊印过程中文字错误很多的"鲁鱼亥豕"；等等。

关于猪的成语不多，谚语却不少，可分三类。一为预报天气的，如：猪洗澡，大雨到；猪噙柴，雨雪来；猪吃水，天要晴；狗吃水，天要雨。二为描述饲养的，如：猪吃百样草，看你找不找；猪吃百样草，煮熟效更高；猪叫三天，牛叫就牵；猪要常睡，马要常立；猪睡长肉，人睡卖屋；捉猪崽，看猪娘，选好种，多打粮。三表示猪的作用的，如：猪是农家宝，粪是地里金；猪粪肥，羊粪壮，驴粪马粪跟着逛；猪肉提价，豆腐也贵。

关于猪的歇后语有近 80 条，如猪油蒙了心——一世糊涂，猪鼻子插葱——装相（象），猪猡出痘子——肉嘛，猪脑袋——死不开窍，猪苦胆泡黄连——苦上加苦，猪头抹黄连——苦恼（脑），猪朝前拱，鸡往后扒——各有各的门道，更多的是关乎"猪八戒"：猪八戒投胎——走错了门，猪八戒绣花——粗中有细，猪八戒照相——自我欣赏，猪八戒照镜子——里外不是人，猪八戒笑孙猴——不知自丑，猪八戒听天书——一窍不通，猪八戒甩耙子——不干了（不伺候），猪八戒抢家伙——倒打一耙，猪八戒腾云——大显身手，猪八戒败阵——倒打一耙，猪八戒吃人参果——食而不知其味，猪八戒背媳妇——费力不讨好，猪八戒进了女儿国——神魂颠倒，猪八戒见了白骨精——垂涎三尺，猪八戒见到高小姐——改头换面，猪八戒的嘴——贪吃贪喝，猪八戒吹牛——大嘴说大话。

常见词语，如猪的别称叫"猪猡"；专职养猪的人叫"猪倌"；猪脖上部长的刚毛叫"猪鬃"或"猪鬃毛"；养猪的圈叫"猪栏"或"猪舍"；给猪盛放食物的器皿（或木盘桶或石凿的）叫"猪槽"，呈圆形或长方形；猪进出栏舍的门，叫"猪栏门"，一般用木栅或木板制作而成，且多是横制的，木板似储粮仓之出谷口的板，可自上至下一块一块地拿下、放上。农村里讽刺有些人婚姻、许诺、办事很随意，称"猪栏门上落板"，讽喻懒惰好睡者为"懒猪"，讽不开窍者为"猪脑筋（絮、丝）"，讽傻乎乎者为"猪头萨（傻）"，等等。还有两个词，猪獾和猪婆龙，前指背黑或灰，四肢棕黑，头部有一条白纹纵颈、喉、耳、尾的哺乳动物，后是扬子鳄的通称。

在文学艺术领域中也有"猪"的身影。

诗歌。《诗经》有《小雅·渐渐之石》："有豕白蹄，烝涉波矣。月离于毕，俾滂沱矣。武人东征，不皇他矣。"《大雅·公刘》："笃公刘，于京斯依。跄跄济济，俾筵俾几。既登乃依，乃造其曹。执豕于牢，酌之用匏。食之饮之，君之宗之。"南北朝民歌《木兰诗》："小弟闻姊来，磨刀霍霍向猪羊。"唐代王驾《社日》："鹅湖山下稻粱肥，豚栅鸡栖半掩扉。桑柘影斜春社散，家家扶得醉人归。"诗中展现了五谷丰登，六畜兴旺的景象。宋代苏轼《吃烧肉戏作》："远公沽酒饮陶潜，佛印烧猪待子瞻。采得百花成蜜后，不知辛苦为谁甜？"

除"豕"是猪，"彘"也是猪。说品质极恶劣之人的成语"猪狗不如"，就典出《荀子·荣辱》："人也，忧忘其身，内忘其亲，上忘其君，则是人也而兽狗彘之不若也。"

对联。隐名联如："谁能媲美，皮毛皆上品；孰与争鲜，肚肠尽佳肴。"格言联如："犬赠吉言期旺盛，豕吟妙句光亨通。"故事联，如有一对情侣名为高山、刘水，属相分别为马、龙，大学毕业后回乡结婚。结婚那天，众人来贺，只见小院喜联高张："鼠嫁女，马迎亲，猪哼牛哞狗欢畅；兔娶媳，龙出聘，鸡走羊奔猴着忙。"横批："处处兴旺。"高、刘认为昔日所选对联俗套，不够新鲜夺目。可也凑巧，高刘两家合家十二口人，共有十个生肖，故两人就合撰此联，虽父母不满意，但贴之颇富喜剧之奇效，贺喜之众，喜气陡添。

　　谜语。字谜：猪身全是宝；孩子出差；见马就跑；欲逐无脚；玄字变味；山里养满猪；驱猪出户。动物谜：胖子一身毛，会吃爱睡觉，全身都是宝，天天造肥料；有个懒家伙，只吃不干活，戴顶帽子帽边大，穿件褂子纽扣多。其他谜语：玄之又玄（打一名种猪）；此汉出身为猪倌（打一三国人名）；师兄悟空，师弟悟净（打一四字新词）；猪八戒背媳妇（打一三字电业用语）；河豚（打一副食品）。谜底见本章最后处。

　　小说有吴承恩的《西游记》，唐僧去西天取经途中，收了三个徒弟，为孙悟空、猪悟能、沙悟净。其中猪悟能本是天宫的天蓬元帅，因调戏嫦娥而被罚到凡间成猪。美国小说家欧·亨利写有《猪仔的伦理》。散文有前文已提及的讲述农民与猪的情感的《卖猪的日子》。杂文式随笔有义章《猪之死》。另有对猪的"别解"：猪，吃饱困，困醒棍（撑着吃），不劳而获，享受了人类送上的美味佳肴后，便"慷慨就义"，属于过把瘾就死的朋友。

　　书画艺术中也有猪的身影。有个猪印，构图刚柔相济。肥头大耳，腰圆体壮，硕大的"猪"置于秤砣下部，秤砣左上则有个圆形篆"亥"，犹如欲投猪型储罐内的一枚硬币，系于砣钮的绳，随意垂结，成了"8"字，表达出"金猪纳福""财运亨通"的寓意。武微波先生有幅生肖民俗字画，题《亥猪比象强》。左边是既饱满又具民俗气息的"猪"，似乎在告诉人们猪对人类的贡献毫不逊色于大象，右边是个颇具魏碑风格的隶楷的"亥"字，此字的头上点似个侧面的老人头像，帽顶圆珠，三撮胡须斜翘；下方一撇似把弓，一头弓端微翘，末点遒劲似猪腿，顺"猪"的视觉看去，亥猪后半身隐在茫茫雾都中，似欲幻化成大象，回归自由，回归自然。

猪年邮票多是艺术化的画。最早的是沙巴洲于1909年发行的邮票，主图是一只奔跑的野猪。1970年，中国台湾与韩国同日（12月1日）发行贺猪年邮票各两枚。中国台湾是同图异色，扑满猪形；韩国的其中一枚则绘猪形泥偶玩具。中国台湾于1982年发行的《岁次癸亥》邮票，同图异色两枚，主图为夸张变形的圆形猪，衬一篆字"亥"。我国于1983年1月5日发行一枚《癸亥年》邮票，主图为韩美林绘制的装饰肥猪，又有十二枚小本票，封面图案为剪纸双猪。日本与菲律宾分别于1994年11月和12月发行了猪年邮票，日本为有奖邮票，菲律宾为无齿邮票，日本的图案为岛根纸糊玩具猪和岐阜手染填充玩具猪；菲律宾的为画竹子的泥塑猪和卡通画情侣猪。国内于2007年发行的《丁亥年》猪邮票，主图为一只身红耳绿的大肥猪，五小仔一趴背一抓母猪卷尾三伏地吮奶。

动植物名中也带"猪"字。有种叫"猪鼻龟"的鱼，长相似猪鼻子，头与四肢不能缩入甲壳里。植物大多是中草药，如既作饲料，又全草入药的多年生草本猪毛菜，能降血压。全草入药的半灌木草本猪屎豆（又名猪屎青），可补肝肾固精、开郁散结、解毒除湿。性微寒味甘苦的一年生草本猪殃殃（牛马饲料，而猪食之则病而得名），浙江天台一带叫拉拉藤，利尿消肿解毒。多孔菌科猪苓，主治尿不利、淋沥热痛和消肿等症。攀缘半灌木叶中脉延伸而卷须的食虫植物猪笼草，应用于粒细胞性白血病、急性肾炎水肿、尿路感染。

　　姓氏、人名、地名亦有"猪"字。汉有姓豚名少公的人，豚意为小猪。旧时农村里，有的人为孩子"贱气"，称孩子为"小猫""小狗""小猪"，长大后有的仍这样叫着。地名稍多，云南傣族自治县东南部有个小镇叫猪镇，因昔日逢节日人们需带猪赶集，故得此名；内蒙古巴林左旗野猪沟、贵州兴义市猪场、云南禄丰县猪街，三地都有邮政所或支局，故猪年有"猪邮戳"。江苏连云港花果山的猪八戒石、云南石林的猪八戒背媳妇石、安徽黄山的猪八戒吃西瓜石、长江三峡的灯影峡的观猪八戒岩、广西北海市南海里涠洲岛上的赏猪仔岭等，都是"猪景"。浙江仙居有湫山乡猪堂、横溪猪头岩、步路猪毛山、朱溪猪油头、猪岙头、猪狗会等。

　　就连古代的币制也同猪有关。唐武德四年，为整治混乱币制，朝廷参照西汉五铢钱标准改革，易铢为宝。因"铢"而现的贞观盛世年，由于财富极盛被誉为"金铢年"。贞观年间恰逢丁亥猪年，"金铢年"便被民间流传为"金猪年"，于是丁亥火猪年自此被改为丁亥金猪年。

　　干支配五行。天干呈万物苗壮之势，地支呈蓄势待发之象，这种态势六十年轮回一次；"丁"表示万物丁壮，"亥"代表"阴的属性"已达极点，万物呈收藏之势。按阴阳转化哲学思想，"丁亥"意味着蓬勃生机之起源，之后将迎来发展与繁荣的吉祥，好运景象。所以，人们对"金铢瑞现，只求长安"的期待也就可以理解了。

俗话说：猪一身是宝。不错，猪鬃毛是制板刷的最佳毛料。猪皮，连毛剥下可制皮革，以制造皮鞋、皮帽、皮带、皮包袋等；褪毛剥下可作宴席佳肴。猪肉是人类的重要食品，市场的肉铺上有猪脚、夹心肉、三层肉、梅柳肉（鲤肉）、肋条肉、瘦肉、肥肉、火腿、骨头、猪头、猪舌、猪尾巴、猪耳朵、猪蹄，还有猪内脏，如肺、肝、肾、脾、肚、大小肠。猪肉经人们制作，可制成大排肉、猪肺片、舌片、排骨、炒肉片、红烧肉、炖瘦肉、香猪肠、猪肚、猪血豆腐等，笔者甚至在《江河万里行》中看到有"整猪蒸熟后再分切食"的，真是花样繁多、五花八门。猪的排泄物和猪栏垫是农田好肥料。

附前文谜语的谜底，打一字的按顺序分别为赅、亥、骇、豕、亥、幽、门，打一动物的均为猪。其他谜语的谜底按顺序为两头乌、管亥、能上能下、高负荷、下水猪。

最后，以我国著名教育家陶行知先生"对稻粟麦豆黍稷下功夫，和马牛羊鸡犬豕做朋友"的对联作结。

肥猪献身辞岁去，黠鼠寻粮接岗来。